Chicago und die Großen Seen

Heike Wagner

MERIAN-TopTen
Höhepunkte, die Sie unbedingt sehen sollten

1 **John Hancock Observatory**
Von Chicagos dritthöchstem Wolkenkratzer hat man einen unbeschreiblichen Blick (→ S. 36).

2 **The Art Institute of Chicago**
Eines der weltbesten Kunstmuseen mit europäischen Gemälden und amerikanischen Meistern (→ S. 39).

3 **Harley-Davidson Museum in Milwaukee**
Futuristisches Denkmal und einzigartiges Museum für die »Harley« (→ S. 59).

4 **Mall of America (MoA) bei Minneapolis**
Das größte kombinierte Einkaufs- und Vergnügungszentrum der USA (→ S. 66).

5 **Pictured Rocks National Lakeshore**
Landschaftserlebnis par excellence: Bootsausflüge unter Felsklippen (→ S. 68).

6 **Greenfield Village und Henry Ford Museum bei Detroit**
Das fantastische Freilichtmuseum lädt auf eine Zeitreise ein (→ S. 72).

7 **Grand Hotel auf Mackinac Island**
Ein gepflegtes Vergnügen: der Nachmittagstee auf der Veranda des viktorianischen Grandhotels (→ S. 75).

8 **Sleeping Bear Dunes National Lakeshore**
Sand wie in der Sahara, kolossale Klippen und bewaldete Inseln im Lake Michigan (→ S. 77).

9 **Rock 'n' Roll Hall of Fame and Museum in Cleveland**
Hier dreht sich alles um die Rockmusik (→ S. 80).

10 **Maid of the Mist in Niagara Falls**
Mit diesem Ausflugsboot bis an den Fuß der Niagarafälle schippern (→ S. 82).

MERIAN-Tipps ⤑
finden Sie auf Seite 128

Inhalt

4 **Chicago und die Großen Seen stellen sich vor**
Interessantes rund um Ihr Reiseziel

10 **Gewusst wo ...**
Die besten Tipps und Adressen der Region

12 **Übernachten**
Ein buntes Kaleidoskop an empfehlenswerten Unterkünften

14 **Essen und Trinken**
Sterneküche in Chicago und »catch of the day« an den Seen

16 **Einkaufen**
Neue Jeans oder reduzierte Markenware

18 **Feste und Events**
Berühmte Musikfestivals laden ein

22 **Sport und Freizeit**
Paddeln oder Angeln, Radeln oder Golfen

26 **Familientipps – Hits für Kids**
Vergnügungsparks und spannende Museen

⑩ MERIAN-TopTen
Höhepunkte in Chicago und an den Großen Seen, die Sie unbedingt sehen sollten ⇐ S. 1

⑩ MERIAN-Tipps
Tipps und Empfehlungen für Kenner und Individualisten
S. 128 ⇢

28 **Unterwegs in Chicago und an den Großen Seen**
Kompakte Beschreibungen aller wichtigen Orte und Sehenswürdigkeiten mit vielen Freizeit- und Kulturtipps

30 **Chicago**
Kopf und Herz in der Region der Großen Seen

40 **MERIAN-Spezial**
Chicago – »Home of the Blues«

54 **Wisconsin**
Abwechslungsreiche Landschaft und charmante Städte

62 **Lake Superior und Mississippi River**
Weite Wildnis aus Wald und Wasser

70 **Michigan**
Wälder, Dünen und die Autostadt Detroit

Erläuterung der Symbole

👪 *Für Familien mit Kindern besonders geeignet*

♿ *Diese Unterkünfte haben behindertengerechte Zimmer*

Preise für Übernachtungen im Doppelzimmer ohne Frühstück:
●●●● *ab 150 $*　　●● *ab 50 $*
●●● *ab 100 $*　　● *bis 50 $*

Preise für ein Menü mit Vorspeise und Dessert, ohne Getränke und Steuern:
●●●● *ab 40 $*　　●● *ab 10 $*
●●● *ab 25 $*　　● *bis 10 $*

78 **Rund um den Lake Erie**
Die Niagarafälle und viele andere Attraktionen

84 **Routen und Touren**
Ausgewählte Rundreisen, Wanderungen und Kanutouren

86 **Die große Autotour entlang der Großen Seen**
Von Detroit nach Minneapolis

91 **Wisconsins und Minnesotas Landschaften und Städte**
Von Chicago nach Minneapolis

94 **Entlang des Ice Age Trail**
Eine Auswahl besonders schöner Wandergebiete

96 **Kanutouren im nördlichen Minnesota**
Boundary Waters Canoe Area Wilderness

98 **Wissenswertes über Chicago und die Großen Seen**
Praktische Hinweise und Hintergrundinformationen

100 **Geschichte**
Jahreszahlen und Fakten im Überblick

102 **Sprachführer**
Nie wieder sprachlos

104 **Essdolmetscher**
Die wichtigsten kulinarischen Begriffe

106 **Chicago und die Großen Seen von A–Z**
Nützliche Adressen und Reiseservice

113 Kartenatlas
122 Kartenregister
124 Orts- und Sachregister
127 Impressum

Karten und Pläne

Chicago Downtown .... Umschlagkarte vorne
Die Großen Seen ...... Umschlagkarte hinten
Hoch- und U-Bahnplan Chicago 51
Minneapolis 65
Cleveland 81
Niagara Falls 83
Kartenatlas 113–121

Die Buchstaben-Zahlen-Kombinationen im Text verweisen auf die Planquadrate der Karten, z. B.

→ S. 117, D 6   Kartenatlas
→ Umschlagkarte hinten, a 1

Mit Stadtplan

Chicago und die Großen Seen stellen sich vor

Die beeindruckende Dünenlandschaft der Sleeping Bear Dunes (→ S. 77) in Michigan ist ein Werk der letzten Eiszeit: Schmelzende Gletscher hinterließen Moränen und Sand.

Vom Massentourismus verschont, dabei höchst sehenswert dank faszinierender Naturlandschaften, charmanter Kleinstädte und pulsierender Metropolen: Chicago und die Großen Seen.

Chicago ist der klug denkende Kopf und das dynamische Herz der Region an den Großen Seen. Eine gewaltige, ausufernde Stadt, die sich trotz heftiger Auf- und Abschwünge seit jeher als unbestrittener wirtschaftlicher und kultureller Mittelpunkt des Mittleren Westens fühlt. Von der drittgrößten US-Metropole, einer kontrastreichen und dabei sympathischen Großstadt, gehen ständig neue Impulse aus. Selbstbewusst und cool spielt die Stadt trotz aller Haushalts- und Bevölkerungsprobleme ihre Rolle als **zweitwichtigstes Finanzzentrum der USA** und lädt zu riesigen Konferenzen und Messen in das größte Kongresszentrum der USA.

Chicago wurde 1833 gegründet und entwickelte sich Mitte des 19. Jahrhunderts aufgrund der explosionsartigen Expansion der Eisenbahn im amerikanischen Westen rasch zum größten Eisenbahn- und bedeutendsten Verkehrsknotenpunkt der Vereinigten Staaten – eine Stellung, die es bis heute inne hat. Chicago besitzt mit dem O'Hare International Airport den zweitgrößten Flughafen der Welt und ist eines der wichtigsten Luftkreuze der USA.

Erste Eindrücke

Von Chicagos über 400 Meter hohem Willis Tower, einem der höchsten Gebäude der Welt, besser bekannt als **Sears Tower**, schweift der Blick über die Skyline der riesigen Metropole. Unzählige Kameras surren und klicken, und nicht wenige Touristen versuchen hier oben, das Wolkenkratzergewirr zu sortieren und in diesem ihr Hotel auszumachen.

Die letzten Gewitterwolken werden gerade noch über dem Lake Michigan angeleuchtet, während über der Stadt schon wieder die Sonne erstrahlt. Nach einem reinigenden Gewitter glänzen die Glasfassaden der City im Sonnenlicht, aber als wirklich unvergleichlich präsentiert sich die Fernsicht. Einen Moment lang glaubt man, das ganze Gebiet der Großen Seen in einem einzigen Rundumpanorama erfassen zu können. Nach unten fällt der Blick beinahe ins Bodenlose, von der hohen Warte verfolgen viele Augenpaare, wie sich winzige Autos durch die engen Straßencanyons schieben, wie Menschen ameisengleich am Fuße der Wolkenkratzer entlang eilen.

Diese Ausblicke könnten ein erster Eindruck dessen sein, was den Besucher in den folgenden Tagen erwartet. Wer in Chicago, der vielleicht **attraktivsten Stadt der Vereinigten Staaten** zwischen Ost- und Westküste, seine Reise durch die Region der Großen Seen beginnt, erlebt die mannigfaltigen Facetten einer vom internationalen Massentourismus noch weitgehend unberührten Region, die Großstadtpflaster und Naturpfade in überaus angenehmer Weise zu gelungenen Urlaubsfreuden verbindet.

Chicago, an den windumwehten Ufern des südwestlichen Lake Michigan gelegen, ist größte Stadt und zugleich Mittelpunkt der weitläufigen Reiseregion. Big Business, ein **facettenreiches Kulturspektrum**, Weltklasse-Entertainment und konservatives Landleben vereinen sich in und um Chicago in einzigartiger

Kontrastreiche Millionenmetropole

Weise. Elegante Geschäfte und schicke Bars laden zum Besuch ein. In gepflegten Parks am Seeufer kann man zu Jachthäfen spazieren, in denen schnittige Segeljachten auf den Wellen schaukeln. Sich in der lautlosen Welt des Aquariums, in den naturwissenschaftlichen Gefilden des Field Museums und in den anderen

Chicago und die Großen Seen stellen sich vor

fabelhaften Museen der Stadt vergessen. Auf einer Dinnerkreuzfahrt vor der erleuchteten Skyline gepflegt speisen. Wem beim Essen fester Boden unter den Füßen lieber ist, dem steht die **Vielfalt der internationalen Küche** Chicagos zur Auswahl. Und ganz im Sinne dieser pulsierenden Stadt kann man den Abend bei bester Unterhaltung in einem der populären Musikclubs oder einer Bluesbar ausklingen lassen.

Schnell gelangt man aus den urbanen Gefilden Chicagos in ländliche Weiten. Dort finden Ruhe- und Erholungsuchende, Sportler und Naturliebhaber ein ideales Terrain:

Urlaubsziel Große Seen

Etwas von allem und davon manchmal ganz schön viel – vielleicht lässt sich so die **landschaftliche Vielfalt** der Region um Lake Superior, Lake Michigan, Lake Huron, Lake Erie und Lake Ontario charakterisieren.

Man dreht eine Runde um den **Lake Michigan** und erkundet den Bundesstaat Michigan. Von Chicago aus fährt man um das Südende des lang gestreckten Sees und dann nordwärts durch den unteren Teil des Bundesstaates Michigan. Im oberen Teil, jenseits der Mackinaw Bridge, berührt man den **Lake Superior**, den größten Süßwassersee der Welt. Ausflugsboote schippern entlang der farbigen Sandsteinklippen der **Pictured Rocks National Lakeshore**, die sich mächtig und glatt über den kalten, grünen Wassern des Lake Superior erheben.

Michigans lange weiße Sandstrände laden zum Schwimmen, Spazierengehen und Sonnenbaden und zu willkommenen Ruhepausen ein. Baden in den kühlen, klaren Fluten des Lake Michigan in der Nachbarschaft historischer Leuchttürme und malerischer Jachthäfen. Radeln durch die Sommerfrische des Farmlandes im südlichen Michigan, entlang eines alten Schienenbettes, das schon lange keine Eisenbahnen mehr gesehen hat, sondern heute – bequem ausgebaut – Radfahrern, Wanderern, Joggern und im Winter sogar Skilangläufern als Weg dient.

Von Chicago bietet sich auch eine Fahrt durch Wisconsin in den Norden Minnesotas und Michigans an.

Spektakulärer Ausblick auf die Skyline Chicagos von einer der 38 Brücken, die den Chicago River überspannen.

Die traumhafte Küstenlandschaft Pictured Rocks National Lakeshore (→ S. 68) erstreckt sich über 64 Kilometer Uferlinie des Lake Superior.

Man kann ein paar Stunden oder auch Tage auf **Wisconsins Ice Age Trail** auf den Spuren der letzten Eiszeit wandern, auf reizvollen Pfaden entlang der geologischen Spuren jahrtausendealter Endmoränen in Form von Klippen, Kletterfelsen und aufgetürmten Felsbrocken, zum Beispiel im **Devil's Lake State Park**. Oder einfach die lieblichen Landschaften der **Door County Peninsula** genießen.

Die eindringlich nördlich-herbe Schönheit der scheinbar endlosen wald- und wasserreichen Region Minnesotas an der Grenze zu Kanada erschließt sich auf verschiedenen Wegen. Wie ein Entdecker kann man mit einem Kanu durch den fast unbewohnten hohen Norden steuern, eine außergewöhnlich reizvolle, von Elchen und Wölfen bewohnte, straßen- und motorenlose Region mit zahlreichen Seen, Wald- und Felsinseln, die bis weit nach Kanada hineinreicht.

Man kann sich von Chicago aus auch auf eine Rundreise ostwärts nach Detroit und Niagara Falls begeben, dabei den **Lake Erie** umrunden, in Ontario ein Stück Kanada durchqueren und bei Niagara-on-the Lake mit dem **Lake Ontario** auch den östlichsten der Großen Seen berühren.

Eine Reihe von Großstädten schmiegt sich an die Ufer der Großen Seen. Unbestrittener Weltstar ist Chicago, die bekannteste, größte und zweifelsohne auch die interessanteste und vielseitigste unter ihnen. **Milwaukee** in Wisconsin ist berühmt für seine Tradition der Bierbrauerei, die auf deutsche Einwanderer zurückzuführen ist. **Minneapolis/St. Paul**

(Groß-)Städte entdecken

liegen an den Ufern des legendären, aber noch recht jungen und braven Mississippi River in Minnesota. Im Süden der Zwillingsstädte öffnet die **größte Mall der USA** ihre Pforten und lädt zum Einkaufsbummel ein.

Amerikanische Autostadt per se ist **Detroit**, Michigan, auch wenn ihr Image etwas angeschlagen ist. Ausflüge zu einem der beliebtesten Freilichtmuseen und hinüber nach Kanada gehören zum touristischen Pflichtprogramm der Industriestadt. Wie

Chicago und die Großen Seen stellen sich vor

Phönix aus der Asche entstieg **Cleveland**, Ohio, aus industriellem Grau und Verfall. Heute ist es stolz auf eine erfolgreiche innerstädtische Wiederbelebung.

Im Westen des Staates New York bzw. im Südosten der kanadischen Provinz Ontario lädt **Niagara Falls** zum Besuch der bekanntesten Wasserfälle der Welt ein. Die amerikanisch-kanadische Doppelstadt ist ein Touristenziel von internationalem Rang.

Mitte des 17. Jahrhunderts hatten sich die ersten Europäer zu den Großen Seen vorgewagt, französische Pioniere aus Kanada auf der Suche nach Pelztiergebieten. Auf ihren Ausflügen in die unbekannten Jagdgründe waren die Pelzhändler auf die Hilfe wohlwollender Indianerstämme angewiesen. Ein Jahrhundert lang behielten die Franzosen ihre Vormachtstellung, bevor sie 1763 das Gebiet an Großbritannien abtreten mussten.

In den Jahren 1812 bis 1814 tobten Gefechte zwischen den noch jungen USA und Großbritannien. Der Raum Niagara erlebte einen Großteil der Kampfhandlungen und fand sich abwechselnd in der Hand der jeweiligen Eroberer wieder. Im nachfolgenden Frieden kam man auf die vor Kriegsausbruch bestehende und bis heute gültige **Grenzziehung mitten durch die Großen Seen** wieder zurück.

Indianische Urbevölkerung und europäische Einwanderer

In den Kriegen wurden die Indianer wechselweise als Verbündete genutzt, später, als man ihre Dienste nicht mehr brauchte, gnadenlos verfolgt. Längst hatte die Masseneinwanderung aus allen Ländern Europas im 19. Jahrhundert die Ureinwohner zur Minderheit im eigenen Lande gemacht. 1862 erlebten die Großen Seen im Raum Minneapolis/St. Paul den letzten Indianeraufstand.

Vom späten Frühjahr bis zum Herbst ist touristische Hauptsaison an den Großen Seen. Eine besonders schöne Reisezeit ist der September, ab Monatsmitte setzt die überaus reizvolle und fotogene **Herbstlaubfärbung** ein. Außerdem sind nach Schulbeginn Anfang September weit weniger Touristen unterwegs. Oft genießt man dann die ruhigen, naturnahen Regionen abseits der Städte, die Natur, die Sonnenuntergänge an den Großen Seen, ganz für sich allein.

Stadtaufenthalte sind naturgemäß weniger von den Jahreszeiten und Wetterbedingungen abhängig. Geschäfte, Museen und Hotels sind im Sommerhalbjahr durchgehend klimatisiert; »**skywalks**«, gläserne Brücken, verbinden vielerorts die Gebäudekomplexe, sodass man auch bei

Lohnende Besuche zu jeder Jahreszeit

Regengüssen und Windböen nicht in die kalten Straßenzüge hinaus muss und gemütlich bummeln kann.

Unter den Städten des Reisegebietes ist besonders Chicago ein **Ganzjahresziel**, eine Metropole der nie geschlossenen Türen. Es lohnt sich durchaus, auch einmal im Winter einen Tiefenblick vom Willis Tower zu werfen. Die Aussicht ist faszinierend: eine Riesenmetropole unter weißer Schneepracht, gefrorene Seen und überall die dampfenden Schlote der Heizanlagen. Welch anderes Bild vermittelt der Winter im Norden! Wo in den entlegenen Regionen im Sommer Kanutouren Trumpf sind, ist es im Winter noch ruhiger. Dafür versprechen Aktivitäten wie Hundeschlittenfahrten und Snowmobiltouren Erlebnisurlaub inmitten unendlich weißer Einsamkeit.

Wann die Reise beginnt, entscheiden Sie – ein attraktives Ziel sind Chicago und die Großen Seen allemal!

Gewusst wo...

Atemberaubend: die Aussicht auf das nächtliche Chicago für die Gäste des Restaurants Signature Room at the 95th (→ S. 43) im John Hancock Center. Aber man sollte schwindelfrei sein ...

Empfehlenswerte Adressen und Tipps für Ihren Urlaub in Chicago und an den Großen Seen: Wo und wie man gut übernachten, essen und trinken, einkaufen, Feste feiern und Sport treiben kann.

Übernachten

Ein buntes Kaleidoskop an Unterkünften: Luxus- und Suitenhotels, Bed & Breakfasts und Motels.

Die prunkvolle Lobby des 1925 bis 1927 erbauten Hotels The Palmer House Hilton (→ S. 32) mit ihrer prächtigen Decke steht auch Besuchern offen.

Übernachten

Das Angebot an Hotels und anderen Übernachtungsmöglichkeiten ist sowohl in Chicago als auch an den Großen Seen recht üppig. Doch in den Sommermonaten, der Hauptreisezeit, kann es in Chicago, Mackinac Island und anderen touristischen Ballungsgebieten bei der Quartiersuche eng werden. Eine **Reservierung** empfiehlt sich auch bei Großveranstaltungen wie den Chicagoer Musikfestivals sowie an verlängerten Wochenenden, etwa dem Memorial Day oder Labor Day.

Bei der Reservierung gibt man seine Kreditkartennummer an und nennt auch gleich eventuelle Sonderwünsche wie ein Kinderbett oder ein

Richtig reservieren

Nichtraucherzimmer. Ein bereits gebuchtes Zimmer muss rechtzeitig abgesagt werden (»cancel the room«), sonst wird die Kreditkarte mit dem Übernachtungsbetrag belastet. Tipp: In den vorwiegend von Geschäftsleuten genutzten Hotels der oberen Preiskategorie lohnt es sich, nach günstigen **»weekend specials«** zu fragen. Insbesondere für Mitglieder von Automobilclubs gibt es spezielle Rabatte; in diesem Fall erkundigt man sich nach dem **»AAA-Discount«**. Auch ein genauerer Blick in **Touristenbroschüren** bringt so manches Sonderangebot oder einen Rabattcoupon zutage. Fast immer wird ein Doppelzimmer vermietet, die Preisdifferenz zum Einzelzimmer ist nur geringfügig. Auch zusätzliche Personen im Zimmer kosten nur wenige Dollar mehr.

Besonders zu empfehlen sind die komfortablen **Bed & Breakfasts**, die oft nur über drei bis fünf Zimmer verfügen. Allerdings bewegen sich die Übernachtungspreise durchwegs im oberen Bereich. Dafür übernachtet man aber sehr angenehm und genießt zudem den überaus aufmerksamen Service der Hausherren – inklusive frisch zubereitetem amerikanischen Frühstück.

Spezielle B & B-Verzeichnisse gibt es in gut sortieren Buchhandlungen oder im Internet. Bei Chicago Bed & Breakfast (www.chicago-bed-

Typisch amerikanisch: Übernachtung mit Frühstück

breakfast.com) werden qualitativ hochwertige Quartiere für den Raum Chicago vermittelt. Dort findet man die einzelnen B & Bs samt Telefonnummern, unter denen man direkt buchen kann. Frühstückspensionen in ganz Nordamerika kann man im Internet beispielsweise unter www.bbonline.com buchen – eine reizvolle Übernachtungsalternative zum Hotel.

Praktisch für unterwegs: An den Hauptdurchgangsstraßen vieler Orte findet sich oft eine ganze Reihe von **Kettenhotels** und -**motels** des mittleren Preisbereichs. »Vacancy« leuchtet auf, wenn noch Zimmer frei sind, ansonsten heißt es »no vacancy«. Oft wird zusätzlich zum Zimmer ein kleines »continental breakfast« angeboten.

In den **Jugendherbergen** mit dem dreieckigen blauen Schild »Hostelling International« übernachten Mitglieder jeden Alters einfach, preiswert und bequem, nach Wunsch auch in Familienzimmern. Nichtmitglieder zahlen einen kleinen Aufpreis. Ein Verzeichnis der amerikanischen Häuser gibt es beim Deutschen Jugendherbergswerk (Tel. 0 52 31/7 40 10; www.jugendherberge.de), weitere Informationen auch bei Hostelling International USA unter www.hiusa.org.

Empfehlenswerte Hotels und andere Unterkünfte sind bei den einzelnen Orten im Kapitel »Unterwegs in Chicago und an den Großen Seen« beschrieben.

Essen und Trinken

Kulinarisches Kontrastprogramm: Sterneküche in Chicago oder »catch of the day« an den Seen.

Auch kulinarisch ist Chicago überaus spannend: Zur Auswahl stehen Haute Cuisine wie hier im Restaurant Alinea (→ S. 43), kräftige Steaks oder die typischen Hamburger.

Essen und Trinken

Den Tag mit einem üppigen »**American breakfast**« zu beginnen empfiehlt sich vor allem in gehobeneren Hotels. Man frühstückt im hauseigenen Restaurant und wählt aus der Speisekarte oder vom Büffet aus. Typisch amerikanisch ist Herzhaftes wie »hash browns«, »ham« oder »sausage«, »fried« oder »scrambled eggs«. Wer es lieber süß mag, wählt »pancake« oder »waffles with syrup«, »donuts« oder »muffins«, oft zusammen mit »coffee – all you can drink«, »tea« und/oder »orange juice«. In preiswerteren Hotels und Motels wird in der Regel ein kleines »continental breakfast« serviert, bestehend aus Kaffee, Saft, Cornflakes, Toast und Marmelade.

Mittags beim **Lunch** soll es häufig schnell gehen: Deshalb sind Fast-Food-Lokale und Steakhäuser sehr beliebt, manche bieten eine reichhaltige »all you can eat salad bar«. Die Kleidung zum Lunch darf leger sein. Die eigentliche Hauptmahlzeit ist das abendliche **Dinner**, das man relativ früh, etwa zwischen 18 und 20 Uhr, einnimmt. Am Wochenende und zu besonderen Anlässen geht man oft groß zum Dinner aus, dann wird auf gepflegte Kleidung Wert gelegt.

In den größeren Städten hat man die Wahl zwischen Küchen aus aller Welt: Je nach Lust und Laune geht man deutsch, italienisch, chinesisch oder mexikanisch essen. Besonders Chicago hat sich in den letzten Jahren einen Ruf als **kulinarische Hochburg** erworben. Hochwertiges Fleisch und andere ausgesuchte regionale Zutaten aus dem Mittleren Westen kommen frisch auf den Tisch und werden von ambitionierten (Sterne-)Köchen in innovativen Menüfolgen inszeniert.

In den Restaurants an den Großen Seen liegt man meist richtig, wenn man den »**catch of the day**« bestellt, das sind saisonale bzw. regional verbreitete Fischsorten. Durchweg zu empfehlen sind Hecht (»pike«) und Forelle (»trout«). In Michigan sollten Sie den »Door County Fishboil« versuchen: Dieser delikate Weißfisch (»whitefish«) mit festem weißen Fleisch und mildem Geschmack wird mit Kartoffeln und kleinen Zwiebeln in einem großen Kessel über offenem Feuer zubereitet, dazu isst man Krautsalat – einfach köstlich!

Fangfrischer Fisch und Herzhaftes vom Grill

Nicht nur Amerikaner lieben **Picknick** und **Grillen** in reizvoller Umgebung – auch Urlauber genießen diese unkomplizierten Mahlzeiten. Auf vielen Camping- und Picknickplätzen, besonders in den Naturparks, findet man Grillroste an den Tischen und Bänken. Grillkohle und Fleisch, Getränke, Salate, Grillsoßen und sonstiges Zubehör sind schnell im Supermarkt besorgt. Biere, Weine und andere leichte alkoholhaltige Getränke gibt es dort auch, während man Höherprozentiges oft nur in speziellen »**liquor stores**«, staatlich geführten Spirituosenläden, erhält.

Echte Geheimtipps sind die kleinen »micro breweries«: Dort bekommt man herzhafte Spezialitäten zum hausgebrauten Gerstensaft. Eine der oft von deutschem Hintergrund geprägten **Brauereihochburgen** des Mittelwestens ist Milwaukee, doch auch in Chicago, Minneapolis, Cleveland oder La Crosse findet man solche kleinen Brauereien mit Biergärten.

In den meisten Restaurants heißt es am Eingang »Please wait to be seated«, und man wartet, bis man von der Bedienung einen Tisch zugewiesen bekommt. Für freundlichen, guten Service sind 15–20 % der Rechnungssumme als Trinkgeld (»**tip**«) üblich.

Empfehlenswerte Restaurants sind bei den einzelnen Orten im Kapitel »Unterwegs in Chicago und an den Großen Seen« angegeben.

Einkaufen

Neue Jeans oder reduzierte Markenware: Chicago ist ein wahres Einkaufsparadies.

Das riesige Kaufhaus Macy´s (→ S. 47) stellt seine Kunden auf zehn Stockwerken vor die Qual der Wahl, eine Abteilung bietet ausschließlich Mode von Designern aus Chicago.

Einkaufen

Beliebte Mitbringsel sind **Jeans** von Levis und Wrangler, aber auch aktuelle Mode, CDs, Bücher, Kameras und andere **Elektrogeräte** kann man in den USA relativ preiswert einkaufen. Doch lassen Sie sich nicht von den günstigen Ladenpreisen täuschen: Dazu kommen noch 5–9 %, in Chicago gar 10,25 % Steuern! Bei Elektrogeräten sollte man darauf achten, dass sich die Anschlüsse auf 220 Volt umstellen lassen, Videos sollten der PAL-Norm entsprechen. Aber aufgepasst: Der Zoll hält dieser Tage ein besonderes Augenmerk auf zu viele und zu teure Mitbringsel aus den Vereinigten Staaten (→ Chicago und die Großen Seen von A–Z, S. 112).

Chicagos **Shopping-Angebot** ist im gesamten Gebiet der Großen Seen unübertroffen. Es umfasst alle Kategorien von Einkaufszentren, luxuriöse und günstige Kaufhäuser, Einzelhandelsgeschäfte landesweit bekannter Ketten sowie ausgefallene Spezialgeschäfte. Nicht umsonst sagt man: Was man in Chicago nicht findet, gibt es nicht. Auf der **Magnificent Mile** und der benachbarten **Oak Street** ist Luxus-Shopping angesagt.

Reizvolle Einkaufsmöglichkeiten bieten zudem die Shops, die vielen Museen angegliedert sind. Ein überzeugendes Beispiel ist der Chicago Institute of the Arts Shop mit seiner breiten Auswahl an (Kunst-)Gegenständen, Büchern, Postern und Mode-Accessoires.

Generell ist das **Angebot an Spezialgeschäften** groß: In Chicago seien beispielsweise der Ghirardelli Soda Fountain & Chocolate Shop, der Abraham Lincoln Bookshop und Sandmeyer's Bookstore sowie weitere unabhängige Buchläden genannt. Im Umkreis von Chicago haben sich auch die größten regionalen **Harley-Davidson-Händler** angesiedelt: In Berwyn und Rockford, aber auch in Milwaukee gibt es Läden mit Motorrädern und Accessoires der Kultmarke.

Zunehmend beliebt sind **Wochenmärkte**, etwa in Milwaukee, Detroit und anderen Großstädten, aber auch

Museumsshops und Wochenmärkte

in kleineren Gemeinden. Vielerorts werden **historische Markthallen** nach europäischem Vorbild restauriert.

Outlet Malls sind in den letzten Jahren wie Pilze aus dem Boden geschossen. Die über 200 Geschäfte der **Gurnee Mills Outlet Mall** nördlich von Chicago verkaufen Restposten und zweite Wahl von Markenwaren bekannter Hersteller zu Fabrikpreisen. Die rund 120 Outlet-Stores der **Chicago Premium Outlet Mall** in Aurora südwestlich von Chicago bieten ebenfalls ein Sortiment hochwertiger, preisreduzierter Waren. Bei den gro-

Einkaufszentren und Outlet Malls

ßen Shopping Malls ist die **Mall of America** in Bloomington der Top-Favorit. Bemerkenswert ist hier die gelungene Kombination aus Einkaufsparadies und Vergnügungspark.

Klein, aber fein sind dagegen die Läden und Kunsthandwerkstätten in den historischen Gebäuden des **Cedar Creek Settlement** von Cedarburg.

Neu in Chicago ist der »**ChicaGO Guide to Special Values**«, ein Rabattprogramm, das 11 % Ermäßigung auf bestimmte Waren und Dienstleistungen der wichtigsten Attraktionen, Rundfahrten, Restaurants, Theater und Geschäfte bietet (www.chicago officeoftourism.org/specialValues).

Empfehlenswerte Geschäfte und Märkte finden Sie bei den einzelnen Orten im Kapitel »Unterwegs in Chicago und an den Großen Seen«.

Feste und Events

Im Sommer ist einiges geboten: Vor allem die Musikfestivals locken Gäste von nah und fern an.

Ein besonderes Ereignis für Musikfans: Das alljährliche Chicago Blues Festival ist stets hochkarätig besetzt und lädt zu kostenlosen Konzerten im Grant Park ein.

Feste und Events

Vor allem in den Sommermonaten laden zahlreiche Festivals zum Besuch ein: Unbestrittene Höhepunkte sind die Musikfestivals, etwa das **Blues Festival**, das **Ravinia Festival**, das **Jazz Festival** in Chicago oder das **Summerfest** in Milwaukee. Das europäische Erbe feiert man beim **Tulip Time Festival** in Holland, Michigan, oder beim **Irish Fest** in Milwaukee. Beim **Taste of Chicago Festival** und beim **Minnesota State Fair** in St. Paul geht es um das leibliche Wohl der Besucher, während das **Shaw Festival** in Niagara-on-the-Lake kulturelle Angebote macht. Flugzeuge, Boote und Technik stehen im Mittelpunkt bei der **Chicago Air and Water Show**.

April
Shaw Festival
In Niagara-on-the-Lake findet eines der renommiertesten Theaterfestivals Kanadas statt: Von Frühjahr bis Herbst werden über 800 Theateraufführungen gezeigt.
April–Oktober; www.shawfest.com

Mai
Tulip Time Festival, Holland
Jedes Jahr Anfang Mai begrüßt das zehntägige Tulpenfest in Holland (Michigan) seine Gäste mit viel Blumenschmuck, Musik und Klompentanz.
Anfang Mai; www.tuliptime.com

Juni
Chicago Blues Festival
Das viertägige Bluesfest im Grant Park ist das größte Musikfestival der Stadt: Über 70 Musiker treten auf sechs Bühnen auf, auch Ray Charles und B. B. King waren schon hier. Bei freiem Eintritt lassen sich jährlich etwa 750 000 Zuschauer von dem musikalischen Spektakel mitreißen.
Anfang/Mitte Juni; tgl. 11–21.30 Uhr; www.chicagobluesfestival.org

Ravinia Festival
Über 100 Livekonzerte von Klassik (Chicago Symphony Orchestra), Blues und Jazz bis zu modernem Musiktheater – alle unter freiem Himmel und gegen Eintritt. Diverse Restaurants sorgen für die Verpflegung, es gibt aber auch Picknickmöglichkeiten. Lässige Kleidung erwünscht.
1201 S. St. Johns Ave. in Highland Park nördl. von Chicago; Juni–September; www.ravinia.org

Taste of Chicago
Eines der bedeutendsten kulinarischen Festivals des Landes: Zehn Tage lang hat man im Grant Park die Qual der Wahl zwischen typischen Gaumenfreuden Chicagos, den berühmten Hot Dogs, Steaks und anderen Spezialitäten aus dem Mittleren Westen und dem Rest der Welt. Verschiedene Kochdemonstrationen und Konzerte ergänzen das kulinarische Programm, an dem 70 Restaurants teilnehmen. Freier Eintritt.
Ende Juni/Anfang Juli; www.tasteofchicago.us

MERIAN-Tipp
1 Summerfest in Milwaukee

Das Summerfest in Milwaukee ist ein elftägiges Musikfestival, das jedes Jahr im Sommer im weitläufigen Henry W. Maier Park in Milwaukee vor der stimmungsvollen Kulisse des Lake Michigan stattfindet. Rund 700 Interpreten und zahlreiche Bands spielen, singen und musizieren auf elf Bühnen. Sicherlich ist für jeden Geschmack etwas dabei! Sie finden hier Rock 'n' Roll, Country, Folk und International Music – sämtliche Musikrichtungen von A–Z. Für das leibliche Wohl ist durch Getränke- und Imbissstände gesorgt. Sonderbusse verkehren zwischen dem Stadtzentrum und dem Park.

Ende Juni/Anfang Juli; Eintritt 8–15 $;
www.summerfest.com
---> Umschlagkarte hinten, b 4

Feste und Events

Holland in Michigan: Immer im Mai spielt die gleichnamige Stadt (→ S. 74) zehn Tage lang das namensgebende Land.

Juli
The Great Circus Parade Festival
Ereignisreiches Festival rund um das Thema Zirkus. Höhepunkt ist die großartige Zirkusparade im Stil des 19. Jh. mit vielen Tieren und Artisten am Sonntag.
Veterans Memorial Park in Milwaukee;
Anfang Juli; www.circusworld.wisconsin history.org

August
Chicago Air and Water Show
Das prachtvolle zweitägige Spektakel in Chicago ist mit seinen vielen Flugzeugen und Booten die größte und älteste Show dieser Art in den USA – und das bei freiem Eintritt!
North Avenue Beach im Lincoln Park;
Wassershow ab 9 Uhr;
Luftvorführungen ab 11 Uhr.
Mitte August; www.chicagoairand watershow.us

Irish Fest
Fast wie in Irland: Beim Irish Fest im Henry W. Maier Park in Milwaukee, einem der größten irischen Festivals der Welt, erlebt man irische Livemusik und alles, was sonst noch typisch irisch ist. Eintritt 5–15 $.
Mitte August; www.irishfest.com

August/September
Minnesota State Fair
Eine bunte Mixtur aus Kitsch und Kunst, Landwirtschaft und Großstadtleben angereichert mit verschiedenen Wettbewerben, Tierschauen, zahlreichen Konzerten und Vorführungen.
St.Paul, Minnesota State Fairgrounds;
tgl. 6–22 Uhr; Eintritt 11 $;
Ende August/Anfang September;
www.mnstatefair.org

September
Chicago Jazz Festival
Eines der ältesten Musikfestivals der Stadt im Grant Park: vier Tage ganz im Zeichen des traditionellen und modernen Jazz aus aller Welt. Begleitprogramm mit verschiedenen Kunstausstellungen, freier Eintritt.
Anfang September rund um das Labor-Day-Wochenende;
www.chicagojazzfestival.us

ABENTEUER AUS ERSTER HAND.

„Einmal im Leben" dort sein, wo die Welt noch wild ist. In zehn exklusiven Abenteuergeschichten zeigt MERIAN, wie sich dieser Traum verwirklichen lässt. Sei es im Himalaja, im All oder vor der eigenen Haustür. Flankiert werden die reich bebilderten Reportagen von 100 buchbaren Angeboten, die mit Planungshilfen sowie Adressen von Spezialanbietern vorgestellt werden. Entdecken Sie das Abenteuer neu! Mehr Informationen unter WWW.MERIAN.DE

MERIAN
Die Lust am Reisen

Sport und Freizeit

Paddeln oder Angeln, Radeln auf alten Wegen oder Golfen: Sportler lieben die Großen Seen.

Viele Amerikaner sind begeisterte Angler – tun Sie es ihnen nach, erwerben Sie eine Lizenz und versuchen Sie Ihr Glück – wie zum Beispiel hier am Lake Ontario.

Sport und Freizeit

Die Region um die Großen Seen hält eine überraschend große Auswahl an sportlichen Betätigungsmöglichkeiten bereit; jeder Naturfan findet »sein« Fleckchen und seine Sportart. Im Sommer locken die größeren und kleineren Seen zum Schwimmen und Wassersport. Zwischendurch entspannt man am Strand oder macht eine schöne Wanderung am Ufer. Passionierte Radfahrer folgen asphaltierten Wegen entlang alter Bahntrassen. Sie angeln gerne? Auch diesen Sport können Sie an den Großen Seen ausüben. Vielleicht leihen Sie sich lieber ein Kanu oder Kajak zum Paddeln und erkunden die Uferregionen von Flüssen und Seen. An vielen Orten findet man Tennis- und Golfplätze, beide Sportarten sind ziemlich populär in den USA.

Auch im Winter haben Sportler verschiedene Möglichkeiten zur Auswahl: Schneeschuhwandern, Langlauf und sogar Abfahrtslauf auf den Hügeln des Boyne County bei Petoskey sowie Hundeschlittenfahrten im Norden Minnesotas sind nur einige Beispiele. Und nicht zuletzt sorgen so beliebte Sportarten wie Baseball, Basketball, American Football und Eishockey in der jeweiligen Saison für Abwechslung – diesmal allerdings als Zuschauer!

Angeln

Angeln ist eine typische amerikanische Freizeitbeschäftigung in der freien Natur. Aber auch als Urlauber können Sie sich Ihren eigenen Fisch zum Dinner aus Fluss oder See fangen. Dafür kauft man sich vor Ort für wenige Dollar eine **Lizenz**, die es meist im lokalen Outdoor-Laden oder Baumarkt (»hardware store«) gibt, wo man auch Angelausrüstungen und -zubehör bekommt. Beachten Sie unbedingt die Bestimmungen der jeweiligen Bundesstaaten und einzelnen Parks zum Thema »Angeln«, die Sie vor Ort erfragen oder aus dem Internet ersehen können.

Camping

Camping gehört zu den intensivsten Naturerlebnissen an den Großen Seen. Viele State Parks, National Parks und die National Lakeshores bieten einfache, aber mit allem Notwendigen ausgestattete Campingplätze (»campgrounds«), auf denen man das Leben in der Natur mit Wohnmobil, Zelt und Lagerfeuer auskosten kann. Meist liegen die Campgrounds in **landschaftlich reizvollen Gebieten**, sodass der Mangel an Komfort durch ein Plus an Natur ausgeglichen wird.

Mehr Bequemlichkeit versprechen kommerzielle und städtische Campingplätze in den Städten und Gemeinden unterwegs. Dort finden sich viele Wohnmobile, welche die Strom- und Wasseranschlüsse auf diesen Plätzen nutzen. Oft bieten diese Campingplätze ein großes Freizeitangebot, dazu Aufenthaltsräume, Waschmaschinen, Duschen etc. Die gut ausgestatteten kommerziellen Campingplätze kümmern sich mit Spielplätzen und Freizeitaktivitäten auch um kleine Gäste.

Rad fahren

»Biking« ist »in«. Vielerorts wurden stillgelegte Bahnstrecken wie der Kal-Haven Trail in Michigan zu Wander- und Radwegen umfunktioniert. In vielen Parks gibt es Fahrradverleihe, beispielsweise an asphaltierten Abschnitten des **Ice Age Trail** in Wisconsin (www.iceagetrail.org) oder im kanadischen **Point Pelee National Park**. Auch auf **Mackinac Island** oder in **Niagara Falls** kann man Fahrräder mieten.

Bei amerikanischen und kanadischen Radlern steht eine Radtour auf dem **Niagara River Recreation Trail** (www.niagaraparks.com/nature/rectrailarea.php) ganz oben in der Rangliste. Wer entsprechend fit ist, radelt die 56 km entlang des Niagara-Westufers vom **Fort George** am Lake Ontario bis zum **Fort Erie** am gleichnamigen See – oder umgekehrt. Die landschaftlich sehr schöne Tour führt vorbei an ausgedehnten Weingütern und fruchtbaren Obstplantagen. Störungsfrei verläuft der asphaltierte Radweg in etwa parallel zum kreuzungsfreien Niagara Parkway. Nur vom Bereich der Wasserfälle bis zur Rainbow Bridge muss man etwa 2 km lang der belebten Straße folgen, auf dem Schlussstück bis Fort Erie noch einmal 4 km. Bis auf eine Passage besitzt die Route kaum Steigungen, ist also auch für weniger ambitionierte Biker zu bewältigen.

Sportarten zum Zuschauen

Wer als Zuschauer typisch amerikanische Sportarten verfolgen möchte, dem wird in Chicago einiges geboten. In der Baseballsaison im Frühjahr und Sommer sind die **Chicago White Sox** im U.S. Cellular Field und die **Chicago Cubs** im altehrwürdigen Stadion Wrigley Field aktiv. American Football wird im Soldier Field von den **Chicago Bears** gespielt, und zwar vom Herbst bis zum Winteranfang. Basketballspiele der **Chicago Bulls** sieht man von Mitte Oktober bis Mitte April im United Center in Chicago. Die Eishockey-Arena befindet sich in Chicagos United Center, dort spielen im Winterhalbjahr die **Chicago Blackhawks**.

Tennis und Golf

Tennis und Golf sind in den USA mittlerweile absolute Breitensportarten. Jeder Ort besitzt einen oder gleich mehrere öffentlich zugängliche Golf- und Tennisplätze, nur wenige verlangen eine Mitgliedschaft. Viele Hotels verfügen über hauseigene Golf- oder Tennisanlagen, in denen auch eine kurzfristige Anmeldung möglich ist. Die notwendige Ausrüstung kann man sich in den meisten Fällen ausleihen.

Wandern

Besonders die **State Parks** und **National Lakeshores** bieten eine Fülle an kürzeren oder längeren Wanderwegen (»hiking trails«). Sie führen über unberührte Küstenlinien zu traumhaften Aussichtspunkten, zu verschwiegenen Seeufern, auf Berge

Wandern (fast) ohne Grenzen: Der Fernwanderweg Ice Age National Scenic Trail (→ S. 94) verläuft über rund 950 Kilometer vorbei an zahlreichen Seen, Teichen und Flüssen.

Sport und Freizeit 25

und durch Wälder und zu den Sehenswürdigkeiten des Parks. Zum Wandern brauchen Sie nicht mehr als ein paar gute Schuhe, eine regenfeste Jacke sowie eine Wanderkarte aus dem Infozentrum (»visitor center«) des jeweiligen Parks.

In South Haven liegt das westliche Ende und in Kalamazoo der östlichste Punkt des **Kal-Haven Trail** (www.kalhaventrail.org), eines zum Radfahren und Wandern genutzten, 56 km langen Freizeitpfades in Michigan, der aus einer stillgelegten Eisenbahnstrecke entstanden ist und den man auch abschnittsweise begehen kann. Ein reizvolles Wegenetz führt in die **Sleeping Bear Dunes** (→ S. 77), wo man durch die Dünen wandern und auch hinaufsteigen und hinab- »surfen« kann. Probieren Sie es einfach einmal aus!

Populär für längere und kürzere Wanderetappen ist auch der **Ice Age Trail** (→ Routen und Touren, S. 94), beispielsweise auf der Door Peninsula oder in den Wäldern des **Kettle Moraine State Forest**. Die **Apostle Islands** im Lake Superior sind ein abgelegenes Wanderparadies, das nur per Boot zugänglich ist. Ohne viel Aufwand und nahe der Zivilisation eine Insel umrunden bzw. überqueren, das können Sie dagegen auf der lieblichen **Mackinac Island**.

Und selbst in der **Großstadt Chicago** kann man auf den Wegen von Grant Park, Millennium Park oder Lincoln Park längere Strecken gehen. Am Ufer des Lake Michigan wartet ein viele Kilometer langes Wegenetz auf Wanderer, Spaziergänger und Radfahrer.

Wassersport

Wenn das Wetter sich von seiner besten Seite zeigt, sind in den südlichen Bereichen der Großen Seen Schwimmen, Wassersport und Strandaufenthalte angesagt. An Lake Erie, Lake Ontario und besonders am südlichen Lake Michigan findet man **schöne Badestrände**, die im schwülwarmen Sommer allerbeste Erholung versprechen. Weiter nördlich gehen die ausgedehnten Sandstrände in meterhohe **Sandklippen** über, etwa in der Sleeping Bear Dunes National Lakeshore. Dort ist das Wandern zu den Aussichtspunkten eine der beliebtesten Aktivitäten.

Ein ganz anderes Bild vermittelt der **Lake Superior**. Kalt und klar ist sein Wasser, bis in den Mai hinein zeigt sich der nördlichste See der Great Lakes mit Eis bedeckt. Selbst im Spätsommer übersteigt die Wassertemperatur kaum die 10°-Celsius-Marke! Dafür begeistert die landschaftliche Schönheit der felsigen Uferabschnitte wie in der Pictured Rocks National Lakeshore oder der mit bewaldeten Inseln gesprenkelten Region der Apostle Islands. Auf dem Lake Superior sind Bootstouren das A und O des Freizeitvergnügens, aber auch das Campen, Wandern oder Angeln an seinen Ufern sorgen für Abwechslung.

Das schönste **Kanurevier** findet man in der **Boundary Waters Canoe Area Wilderness** im nördlichen Minnesota. In dieser Region gibt es alteingesessene Verleihstationen und erfahrene Ausrüster, die nach Bedarf auch komplette Touren planen (→ Routen und Touren, S. 96). Nur keine Scheu: Als Paddelanfänger kriegen Sie schnell den Dreh mit dem Steuern heraus. Der Hintermann lenkt, und genauso schnell können Sie Ihre Fahrt über die glitzernden Wasserflächen genießen.

Gelegenheiten für attraktive Kanutrips bieten sich beispielsweise im kanadischen Point Pelee National Park in Ontario, der auf einer Halbinsel in den Lake Erie herausragt, auf dem **St. Croix River** bei Taylors Falls oder im **Devil's Lake State Park**, beide in Wisconsin. Bei offiziellen Verleihstationen kann man stunden-, halbtages- oder tageweise Kanus ausleihen.

Familientipps – Hits für Kids

Aufregende Vergnügungsparks und spannende Museen lassen Kinderherzen höher schlagen.

Bunt, schräg und spannend, das ist der knapp drei Hektar große Indoor-Freizeitpark Nickelodeon Universe in der Mall of America (→ S. 27) in Bloomington.

Familientipps – Hits für Kids

In den USA geht oft die ganze Familie einschließlich Kleinkind zum gemeinsamen Dinner in das Restaurant um die Ecke. Schnell steht der Kinderstuhl (»high chair«) bereit, und kaum jemand fühlt sich gestört, wenn der Nachwuchs ein wenig Lärm macht. Auch viele Hotels und Motels bekannter Ketten zeigen sich **familenfreundlich** und lassen Kinder bis 18 Jahre meist umsonst im Zimmer ihrer Eltern schlafen, für die ganz Kleinen gibt es Extra-Kinderbetten.

Optimal für Familienferien sind **Wohnmobile**, doch auch auf Reisen mit Auto und Zelt bzw. mit Hotelübernachtungen schätzen Kinder die naturnahen **State Parks**. Dort sorgen Picknick- und Campingplätze mit Lagerfeuer, Möglichkeiten zur Tierbeobachtung und viel Platz zum Toben für Abwechslung und Abenteuer.

In Chicago und anderen Städten warten **Mitmachtheater** für Kinder und **spezielle Kindermuseen** mit interaktiven Ausstellungen, Experimenten und Spielecken auf jugendliche Besucher. Spannend für den Nachwuchs sind auch **Freilichtmuseen** wie Michigans Greenfield Village oder Rockfords Midway Village.

Und natürlich darf ein Besuch in einem der fantastischen **Freizeitparks** nicht fehlen. Damit er die Urlaubskasse nicht zu sehr strapaziert, achten Sie auf Sondereintrittspässe und günstige Mehrtagespässe.

Cedar Point in Sandusky
↠ Umschlagkarte hinten, d 4

Der große Vergnügungspark am Ufer des Lake Erie, rund 100 km westlich von Cleveland, besitzt eine beeindruckende Vielfalt von 17 Achterbahnen und weitere schrille Fahrattraktionen.
One Cedar Point Dr.; Zufahrt über SR 2; www.cedarpoint.com; Cedar Point: Mitte Mai–Anf. Sept. tgl. 10–20 Uhr, im Hochsommer länger, Sept., Okt. nur Sa, So; Eintritt Erw. 44 $, Kinder unter 1,22 m 20 $

Chicago Children's Museum
↠ Umschlagkarte vorne, e 2

»Hands on« – Anfassen ausdrücklich erlaubt und erwünscht! – heißt es im Kindermuseum von Chicago. Wissenschaft mit Spannung, Spiel und Spaß und natürlich hohem Lernfaktor, selbst für die Erwachsenen.
Navy Pier; www.chicagochildrens museum.org; So–Mi und Fr 10–17, Do und Sa 10–20 Uhr; Eintritt 10 $

Chicago Kids Company
↠ S. 114, nordwestl. A 3

Chicagos Theater für Kinder bis zwölf Jahre. Anregende, fantasievolle Stücke, bei denen das junge Publikum zum Mitmachen aufgefordert wird.
Copernicus Gateway Theatre, 5216 W. Lawrence Ave (nordwestl. von Chicago); Tickets unter Tel. 7 73/2 05-96 00 (Mo-Fr 9–17 Uhr) oder www.chicagokids company.com; Okt–Mai; Eintritt ab 10 $

Nickelodeon Universe in Bloomington
↠ Umschlagkarte hinten, südl. b 3

Der größte überdachte Vergnügungspark in den USA liegt im ebenfalls größten Einkaufszentrum des Landes. Er bietet den Kindern alles, was ihr Herz erfreut: Achterbahnen, Riesenrad, Karussells, Stimmung und Trubel bei weiteren Attraktionen. Punktekarten in verschiedenen Preisklassen gelten für alle Abenteuer.
Mall of America, an der I-494 in Bloomington, südl. von Minneapolis; Mo–Sa 10–20.30, So 10.30–19.30 Uhr; Tageskarte 21 $

Soak City in Sandusky
↠ Umschlagkarte hinten, d 4

Abkühlung vom heißen Sommerwetter des Mittelwestens bietet der neben dem Vergnügungspark Cedar Point gelegene Wasserpark Soak City mit seinen Wasserrutschen und dem langen Badestrand am Lake Erie.
Ende Mai–Anf. Sept., Juli tgl. 10–21 Uhr, sonst kürzer; Eintritt Erw. 30 $, Kinder 17 $

Unterwegs in Chicago und an den Großen Seen

Untrennbar mit der Metropole am Michigansee verbunden: seit 1893 rattern die Züge der »El« (Elevated Train) durch Chicago. Eine Fahrt mit der Hochbahn, die heute unter Denkmalschutz steht, sollte man sich nicht entgehen lassen.

Was für eine Kombination: das kosmopolitische, oft überraschende Chicago, dazu die Region der Großen Seen mit pittoresken Kleinstädten, kulturellen Attraktionen und weiten Landschaften.

Chicago

Chicago ist der denkende Kopf und das dynamische Herz in der Region der Großen Seen.

Chicago lässt sich wie kaum eine andere amerikanische Großstadt wunderbar zu Fuß entdecken. Probieren Sie es einfach aus (→ S. 33)!

Chicago

⇢ Umschlagkarte hinten, b 4

2,84 Mio. Einwohner
(9,5 Mio. im Großraum)
Plan Downtown → Umschlagkarte vorne
Verkehrslinienplan → S. 51

Gewaltig und ausufernd präsentiert sich die drittgrößte US-Metropole am Lake Michigan als **wirtschaftlicher Mittelpunkt** des Mittleren Westens. Die florierende **Theater- und Musikszene** wie auch die **Weltklasse-Museen** machen Chicago zur unbestrittenen Kulturhauptstadt der Region.

Direkt vor den Straßenschluchten der Stadt öffnet sich die schier uferlose Weite des windumwehten **Lake Michigan**, des fünftgrößten Süßwassersees der Welt, dem Chicago seinen Spitznamen »Windy City« verdankt. Ein rund 50 km langer Uferstreifen mit Sandstränden, Parks, Spazier- und Radwegen säumt die Kulisse der Wolkenkratzer. Selbstbewusst zieht Chicago immer mehr Besucher an – eine kontrastreiche, aber sympathische Großstadt, die neugierig macht.

Chicago trägt zu Recht den Beinamen »Stadt der Architektur«. Markanter Blickfang ist der aus der Skyline emporragende **Willis Tower**, der zweithöchste Wolkenkratzer der Welt, der bis 2009 noch Sears Tower hieß. Auf einem der geführten Stadtrundgänge erfährt man, dass in Chicago seit dem Great Fire von 1871 die führenden Architekten der letzten 120 Jahre ihre kreativen Spuren hinterlassen haben. Ihnen verdankt die Stadt eine große Vielfalt unterschiedlicher Baustile. Und in öffentlichen Parks und an Straßenecken setzen oft kontrovers diskutierte Skulpturen und Kunstwerke berühmter Künstler unverwechselbare Akzente.

Als **kultureller Schmelztiegel** besitzt Chicago diverse ethnisch geprägte Stadtviertel, was sich unter anderem in den abwechslungsreichen Restaurants und der reichhaltigen Musik- und Kunstszene widerspiegelt. Ein Erbe der großen afroamerikanischen Bevölkerung ist der **Blues**, der in den Bars und Nightclubs und auf den Festivals der Stadt zu Hause ist. Im eng begrenzten **Chinatown** südlich des Loop findet man authentische chinesische Restaurants und Geschäfte. Griechische Herkunft bestimmt bis heute das Gesicht der **Greektown** westlich des Loop. Das Herz der deutschen Gemeinde Chicagos war der Lincoln Square im Norden der Stadt, der angesagte Trendstadtteil Wicker Park trug früher den Beinamen **Germantown**. Dort, wie auch in **Little Italy**, lebt heute eine ethnisch gemischte Bevölkerung.

Hotels/andere Unterkünfte

Hotel Cass

⇢ Umschlagkarte vorne, c 1

Schickes, trendiges Boutique-Hotel in der Nähe der Magnificent Mile. Übernachtung in »hippem« Ambiente: modern, komfortabel und mit Super-Frühstück.
640 N. Wabash Ave.;
Tel. 3 12/7 87-40 30, 8 00/7 99-40 30;
www.casshotel.com; Red Line: Grand/State; 175 Zimmer ●●●● ♿

Hotel InterContinental Chicago

⇢ Umschlagkarte vorne, c 2

Luxushotel an der Magnificent Mile. Gelungene Komposition aus zeitloser Eleganz und modernen Annehmlichkeiten. Zeitgemäßes Ambiente mit vielen Bildern und Skulpturen. Schwimmbad von 1929 im römischen Stil mit Art-déco-Elementen.
505 N. Michigan Ave.;
Tel. 3 12/9 44-41 00, 8 00/6 28-21 12;
www.icchicagohotel.com; Bus 65: Illinois/Michigan; 790 Zimmer ●●●● ♿

Hyatt Regency Chicago

⇢ Umschlagkarte vorne, d 3

Groß, futuristisch und eines der elegantesten Hotels in Downtown, direkt am Chicago River. Fragen Sie nach preiswerteren Wochenendangeboten.

151 E. Wacker Dr.; Tel. 3 12/5 65-12 34, 8 00/2 33-12 34; www.chicagoregency.hyatt.com; Blue Line: Clark/Lake; 2019 Zimmer ●●●● ♿

The Drake Hotel ⇢ S. 117, D 5
Chicagos klassisches Grandhotel mit europäischem Charme. Die stilvolle Lobby des Hotels ist auch ohne Übernachtung einen Besuch wert. Mit mehreren Restaurants sowie den Drake Arcade Stores. An der Magnificent Mile gelegen.
140 E. Walton Place;
Tel. 3 12/7 87-22 00, 8 00/55-DRAKE; www.thedrakehotel.com; Orange Line: State/Lake; 535 Zimmer ●●●● ♿

The James
⇢ Umschlagkarte vorne, c 1
Besonders angenehm bei längeren Aufenthalten in der Stadt: In dem »hippen« Boutique-Hotel verfügen fast alle Zimmer und Suiten über eine kleine eigene Küche. Nahe der Magnificent Mile.
55 E. Ontario St.; Tel. 3 12/3 37-10 00, 8 77/JAMES-55; www.jameshotels.com; Bus 36: State/Ontario; 325 Zimmer ●●●● ♿

The Palmer House Hilton
⇢ Umschlagkarte vorne, c 4
Das elegante Nobelhotel im Loop ist das zweitgrößte Downtown-Hotel. Prunkvolle Lobby mit exquisiter Deckenmalerei. Mit gepflegtem Restaurant und einer Reihe von Boutiquen. Sonderangebote am Wochenende.
17 E. Monroe St.; Tel. 3 12/7 26-75 00, 8 00/HILTONS; www.hilton.com; Blue Line: Monroe/Blue; 1639 Zimmer ●●●● ♿

Wheeler Mansion ⇢ S. 119, E 11
Elegantes Bed & Breakfast im vornehmen Stadtteil South Loop. Denkmalgeschütztes Gebäude, mit Antiquitäten ausgestattet.
2020 S. Calumet Ave.; Tel. 3 12/9 45-20 20; www.wheelermansion.com; Bus 29: State/Cullerton; 7 Zimmer ●●●●

Comfort Inn O'Hare 👫
⇢ S. 114, westl. A 3
Bequemes Haus der weltweiten Hotelkette. Nur 3 km nördlich des Flughafens O' Hare. Mit Gratis-Flughafentransfer und großem kontinentalen Frühstück.
2175 E. Toughy Ave., Des Plaines; Tel. 8 47/6 35-13 00, 8 77/4 24-64 23; www.choicehotels.com; keine Bus- oder Zuganbindung; 145 Zimmer ●●●

Days Inn Lincoln Park North 👫
⇢ S. 114, C 1
Nördlich von Downtown und westlich des Lincoln Park gelegenes, freundliches Hotel. Die Alternative zum teuren Downtown-Hotel: mit kontinentalem Frühstücksbuffet, speziellen Angeboten für Kinder und künstlerischem Flair.
644 W. Diversey Parkway;
Tel. 7 73/5 25-70 10, 888/LPN-DAYS; www.daysinnchicago.net; Bus 76: Diversey/Orchard; 133 Zimmer ●●● ♿

Red Roof Inn Chicago 👫
⇢ Umschlagkarte vorne, c 1
Preiswertes Kettenmotel in einfacher, aber ordentlicher Ausstattung. Im Magnificent Mile District. In Gehentfernung zu einer luxuriösen Fülle an Geschäften, Museen und Restaurants.
162 E. Ontario St.; Tel. 3 12/7 87-35 80, 8 00/REDROOF; www.redroof.com; Bus 36: State/Ontario; 191 Zimmer ●●● ♿

Seneca Hotel & Suites ⇢ S. 117, D 5
17-stöckiges Suitenhotel knapp östlich der Magnificent Mile. Alle Zimmer haben eine Küche. Mit drei Restaurants, Fitnesscenter und gemütlicher Sonnenterrasse oben auf dem Hotel.
200 E. Chestnut St.; Tel. 3 12/7 87-89 00, 8 00/8 00-62 61; www.senecahotel.com; Bus 66: Chicago/Mies Van Der Rohe; 192 Zimmer ●●● ♿

TraveLodge Hotel Downtown Chicago 👫 ⇢ S. 117, D 8
Preiswertes Hotel. Günstige Lage nahe des South Loop; nur zwei Blocks

Das James Hotel besticht durch sein modernes, großzügiges Ambiente – im Bild die Lobby – und durch seine zentrale Lage.

vom Lake Michigan. Guter Ausgangspunkt für Chicago-Reisende ohne Auto.
65 E. Harrison St.; Tel. 3 12/4 27-80 00, 8 00/2 11-67 06; www.travelodgehotel downtown.com; Blue Line: Jackson/Blue; 223 Zimmer ●●● ♿

Heart O'Chicago Motel
⤳ S. 117, nördl. D 5

Einfaches, preiswertes Motel. Im Norden von Chicago, ca. 1,5 km vom Hollywood Beach am Lake Michigan. Schlichte, aber freundlich ausgestattete Zimmer; mit Parkplatz vor der Tür.
5990 North Ridge Ave.; Tel. 7 73/ 2 71-91 81; www.heartochicago.com; Bus 84: Peterson/Ridge; 45 Zimmer ●●

Hostelling International Chicago
⤳ Umschlagkarte vorne, c 5

Die komfortable Jugendherberge im Herzen Downtowns ist in einem renovierten siebenstöckigen Warenlagerhaus aus dem Jahr 1886 beheimatet. Knapp südlich des Loop.
24 E. Congress Parkway; Tel. 3 12/3 60-03 00, 8 00/9 09-47 76; www.hichicago.org; Blue Line: Jackson/ Blue; 500 Betten ● ♿

Spaziergang über die Magnificent Mile
⤳ S. 117, D 6

Wir beginnen unseren Spaziergang an der **Magnificent Mile**, der Prachtstraße, die eigentlich North Michigan Avenue heißt und sich von nördlich des Chicago River bis zur Oak Street hinaufzieht. Seit den 1950er-Jahren, als die weiße Mittelschicht aus dem Loop fortzuziehen begann und die State Street im Loop ihre Rolle als Herz von Downtown Chicago allmählich verlor, nimmt die Magnificent Mile die führende Rolle im Downtown-Gefüge ein. Und tatsächlich führt sie ins Herz des »Chicago Shopping«.

An der Brücke über den Chicago River genießen wir das großartige, urbane Panorama, die Hochhäuser des Loop im Rücken. Gleich vorne links geht es am **Wrigley Building** (Nr. 410) vorbei, der ornamentale Prachtbau des Kaugummi-Imperiums wurde 1921 als erstes Hochhaus an der North Michigan Avenue errichtet. Dann wenden wir den Blick nach rechts zum neugotischen **Tribune Tower** (Nr. 435), 1925 erbaut und noch heute Sitz der Zeitung »Chicago Tribune«. Wir folgen der Magnificent Mile bis zum **Chicago Place** (Nr. 700), einem eleganten Einkaufszentrum mit über 60 Geschäften und Restaurants. Ein Stückchen weiter die Straße hinauf bietet der Historic Water Tower (Nr. 806), der sich dem Großen Feuer von 1871 widersetzte, einen augenfälligen Kontrast zur Moderne. Im gegenüberliegenden **Chicago Water Works Visitor Center** kann man sich mit zahlreichen Informationen über Chicago versorgen. Schräg gegenüber liegt der edle Einkaufspalast Water Tower Place. Nur einen Katzensprung ist es von hier zum **John Hancock Center** (Nr. 875), dem dritthöchsten Gebäude Chicagos, das himmelhoch in die Skyline ragt. Wenig später erreichen wir das 1988 erbaute, noble Einkaufszentrum **900 North Michigan** im siebthöchsten Wolkenkratzer der Stadt. Ein Pianospieler am Eingang lässt die richtige Kaufstimmung aufkommen. Den Abschlusspunkt des Spaziergangs über die Magnificent Mile bildet das **Drake Hotel**, ein altehrwürdiges Grandhotel mit den eleganten Drake Arcade Stores. Doch wir sind noch längst nicht am Ende des Shoppingvergnügens angekommen: Gleich um die Ecke lässt sich der Spaziergang über die benachbarte, schicke Einkaufsmeile Oak Street fortsetzen.

Spaziergang durch die Parks am Seeufer ⤏ S. 117, D 7

Downtown Chicago ist trotz seiner Größe eine ideale Stadt für Fußgänger, denn durch die Häuserschluchten und Parks bewegt man sich zu Fuß oft schneller als mit dem Auto fort. Unser Spaziergang führt aus dem Herzen der Stadt, dem von der Hochbahn »El« eng begrenzten Geschäftsviertel des Loop, über die Washington, Madison oder Monroe Street zu den offenen, windumwehten Ufern des Lake Michigan.

Auf den gepflegten Wegen des neu gestalteten, luftigen **Millennium Park** spazieren wir zu der riesigen, glänzenden Stahlskulptur »Cloud Gate«, welche die Skyline und ihre Betrachter widerspiegelt. Wir passieren die grünen Rasenflächen oder lauschen vielleicht einem Konzert im Jay Pritzker Musikpavillon, während rechter Hand jenseits der Monroe Street das **Art Institute of Chicago** ins Blickfeld kommt. Weiter geht es über die von Gehry entworfene, moderne Brücke zum **Grant Park** (→ MERIAN-Tipp, S. 36).

Die verspiegelte Stahlskulptur von Anish Kapoor in Form einer gigantischen Bohne – »the jellybean« genannt – zählt zu den Top-Attraktionen des Millennium Parks (→ S. 37).

Einer der Anziehungspunkte im Grant Park ist der pompöse **Buckingham Fountain,** der mit seinen faszinierenden Wasserspielen beliebter Treffpunkt und Pausenplatz ist. Je näher wir ans Wasser kommen, desto imposanter wird unser Blick auf die Skyline. Auf dem weiteren Spaziergang am Seeufer in Richtung Süden schweift der Blick immer wieder zwischen dem offenen See und der kompakten Skyline hin und her. Im südlichen Bereich des Grant Parks erwarten uns mit **Field Museum, Shedd Aquarium** und **Adler Planetarium** einige der bedeutendsten Attraktionen Chicagos.

Sehenswertes
Adler Planetarium and Astronomy Museum ⟶ S. 119, F 9
Die erste amerikanische Sternwarte wurde 1930 im Art-déco-Stil im Grant Park erbaut und fasziniert bis heute die Besucher durch ihre interaktiven, hoch technisierten Ausstellungen und Multimedia-Sky-Shows zum Thema Weltraumforschung. Dazu gehören u. a. 3-D-Computerprojekte im Universe Theater, Darstellungen des Nachthimmels und virtuelle Reisen durch das Universum im Definiti Space Theater.
1300 S. Lakeshore Dr.; www.adler planetarium.org; Bus 146: Museum Campus; im Sommer tgl. 9.30–18 Uhr; Eintritt 19 $ inkl. 1 Show, Kinder 15 $, ohne Shows jew. 10 $/6 $

Brookfield Zoo 🧒
⟶ S. 116, westl. A 8
In Chicagos 800 000 qm großem Zoo leben rund 4000 Tiere aus 425 Arten in käfiglosen, den natürlichen Habitaten angepassten Umgebungen, etwa der afrikanischen Savanne und den Tropen dreier Kontinente.
8400 W. 31st St. in Brookfield (Ausfahrt 20 von I-290 auf 1st Ave.); www.brookfieldzoo.org; Metra: Hollywood/Zoo; tgl. 10–17, im Sommer tgl. 9.30–18 Uhr; Eintritt 12 $, Kinder 8 $

MERIAN-Tipp
❷ Chicago Greeters
Wie wäre es mit einem kostenlosen Stadtrundgang mit den »Chicago Greeters«? Die freundlichen Fremdenführer sind in etwa 25 Stadtteilen und 15 verschiedenen Sprachen tätig. Angeboten werden rund 40 thematische Führungen wie »Kunst im öffentlichen Raum«, »Mode«, »Ethnische Vielfalt«, »Parks und Grünanlagen«. Die auf maximal sechs Teilnehmer ausgelegten Touren dauern zwischen zwei und vier Stunden. Für ganz Eilige gibt es einstündige Führungen von den »InstaGreeters« (Fr–So 10–16 Uhr ab dem Cultural Center; dort keine Voranmeldung mögl.). Für die längeren Führungen sind frühzeitige Anmeldungen notwendig.
Chicago Cultural Center, 77 E. Randolph St.; Tel. 3 12/7 44-80 00; www.chicagogreeter.com; Blue Line: Washington/Blue; Mo–Do 8–19, Fr 8–18, Sa 9–18, So 10–18 Uhr
⟶ Umschlagkarte vorne, c 4

Centennial Fountain
⟶ Umschlagkarte vorne, d 2
Seit 1989 sprüht die 30 m lange Fontäne in einem eleganten Bogen über den Chicago River.
Am Ende des N. McClurg Court, nahe der North Pier; Anf. Mai–Anf. Okt. tgl. 10–24 Uhr, jew. 10 Min. lang zur vollen Stunde

Chicagoer Börse
⟶ Umschlagkarte vorne, b 5
Besuch bei »Bär« und »Bulle« im interaktiven Besucherzentrum und Museum der 1848 eröffneten Chicagoer Warenterminbörse, jetzt CME Group, mit Videos, Ausstellungen etc. Jährlich werden hier ca. 450 Mio. Termingeschäfte abgewickelt.
141 W. Jackson Blvd.; www.cbot.com/visitingcbot; Blue Line: Jackson/Blue; Mo–Fr 8–16 Uhr; Eintritt frei

Chicago

MERIAN-Tipp

🔹3 Grant Park in Chicago

Der 1,3 qkm große, geometrisch angelegte Stadtpark am Ufer des Lake Michigan nördlich von Downtown ist die grüne Lunge der Stadt. Vor der Kulisse der Chicagoer Skyline liegen das Adler Planetarium, das Shedd Aquarium, das Field Museum und das Art Institute of Chicago. Der 1926 frei nach Versailler Vorbild gestaltete Buckingham Fountain ist mit seinen 45 m hohen Wasserfontänen (tgl. 8–23 Uhr; einmal stündl. für 20 Min.) und kombinierten Licht- und Musikshows eines der Wahrzeichen der Stadt und ein populärer Treffpunkt. Der 2004 fertiggestellte Millennium Park grenzt an den Grant Park, ein Fuß- und Fahrradweg verläuft entlang des gesamten Parkufers. Lohnendes Ziel für einen Spaziergang von Downtown aus ist das Adler Planetarium. Dort bietet sich das Panorama der im Wasser dümpelnden Boote und glänzenden Wolkenkratzer, nebenan am Lake Shore Drive liegt der Jachthafen. Im Park finden u. a. das Chicago Blues Festival, das Taste of Chicago und das Chicago Jazz Festival (→ Feste und Events, S. 18) statt. Bilder, die um die Welt gingen: Am 4. November 2008 hielt der designierte US-Präsident Barack Obama im Grant Park seine Siegesrede vor geschätzten 250 000 Zuschauern.

Red Line: Roosevelt/State
╌╌⟩ Umschlagkarte vorne, d 4–5

Chicago Botanic Garden
╌╌⟩ S. 118, nördl. A 9

Im Chicago Botanic Garden spaziert man zwischen Inseln, Lagunen und Gewächshäusern und durch insgesamt 26 Gärten, die von wilder Prärielandschaft bis zum typischen Englischen Garten reichen. Oder man fährt mit der Besucherbahn in 35 Minuten quer durch den Park oder drum herum (5 $). Der weitläufige Park nördlich von Chicago ist einer der meistbesuchten botanischen Gärten in den USA.

Ca. 30 km nördl. von Chicago; 1000 Lake Cook Rd. in Glencoe (Zufahrt über I-94); www.chicago-botanic.org; tgl. 8 Uhr–Dämmerung; Metra Train: Braeside; Eintritt frei (Parken 15 $)

James R. Thompson Center
╌╌⟩ Umschlagkarte vorne, b 4

Die in Form eines diagonal abgeschnittenen Kegels überdimensional gewölbte Glas- und Stahlfassade markiert einen attraktiven Kontrast zu den anderen Gebäuden im Loop. Im Inneren des von dem deutschstämmigen Chicagoer Architekten Helmut Jahn konstruierten Bürogebäudes fahren Glasaufzüge 17 Stockwerke hinauf zur Spitze des Atriums. Jean Dubuffets Skulptur »Monument with Standing Beast« am Haupteingang wird im Volksmund als »Snoopy im Mixer« bezeichnet.

100 W. Randolph St.; Blue Line: Clark/Lake

John Hancock Center
╌╌⟩ Umschlagkarte vorne, nördl. d 1

Der 344 m und 100 Stockwerke hohe, schwarz glänzende Wolkenkratzer von 1970 mit Büros, Apartments und Geschäften ist das dritthöchste Gebäude Chicagos. Im 94. und 95. Stock befinden sich die Aussichtsetage John Hancock Observatory bzw. das »Signature Room at the 95th«-Restaurant mit seinem unvergleichlichen Blick auf den Willis Tower und das Häusermeer am Seeufer.

875 N. Michigan Ave.; www.hancock-observatory.com; Bus 66: Chicago/Michigan; tgl. 9–23 Uhr; Eintritt 15 $, Kinder 9 $

Lincoln Park Zoo 🚻 ╌╌⟩ S. 115, E 2

Weltweit größter Zoo ohne Eintrittsgebühr, im Lincoln Park nördlich von Downtown. Moderne Gehege und altehrwürdige Bauten bieten einer Viel-

zahl von Tieren aus mehreren Kontinenten eine neue Heimat.
2220 N.Cannon Dr.; www.lpzoo.com; Bus 156: Stockton/Webster; tgl. 9–18, im Sommer bis 19 Uhr, einzelne Tierhäuser schließen früher; Eintritt frei, Parken kostenpflichtig (ca. 16 $ 4–5 Std.).

Loop ⇢ S. 116/117, C 7–8
Der Loop, Chicagos Finanzdistrikt und »altes« Geschäftszentrum der Stadt, befindet sich in Downtown innerhalb der ratternden Hochbahnrundstrecke der »El«. Zwei Bahnlinien, die »Orange« und die »Brown«, umrunden den Loop vollständig, ehe sie sich wieder auf den Rückweg in die Vororte machen. Die »Blue« kommt vom Flughafen und fährt, wie die »Red« und die »Green«, einmal mitten durch den Loop. Man sollte sich die Zeit für eine Fahrt mit der ratternden »El« nehmen – einer Chicagoer Institution seit 1897.

Wochentags ist der Loop mit seiner Vorzeigeeinkaufsstraße State Street ein belebtes Geschäftszentrum mit Einzelhandelsgeschäften, Kaufhäusern, Verkaufsständen und Restaurants. Auch öffentliche Kunstwerke, Theater und andere kulturelle Institutionen finden sich in der Umgebung.

Empfehlenswert ist ein geführter Spaziergang durch die Straßenschluchten, bei dem man die Vielfalt der Architektur, von der 1911 erbauten altehrwürdigen City Hall bis zum futuristischen James R. Thompson Center, erlebt (→ MERIAN-Tipp, S. 35).

Millennium Park
⇢ Umschlagkarte vorne, c 4
Der aus einem Gütergelände der Bahn und Parkplätzen entstandene Millennium Park schließt sich nordwestlich an den Grant Park an und bietet eindrucksvolle Ausblicke auf die Skyline. Im Park selbst finden sich mehrere Brunnen und Wasserspiele, gepflegte Blumenbeete, aber auch Kunstwerke, wie »Cloud Gate«, die von Anish Kapoor entworfene, im Volksmund wegen ihrer Form »The Bean« genannte, größte Stahlskulptur der Welt. Für Konzerte und andere Aufführungen wird der von Frank Gehry im futuristischen Look geschaffene Jay Pritzker Pavilion genutzt, rund 11 000 Zuschauer können vor den großen Rasenflächen vor der Bühne den oft kostenlosen Konzerten lauschen und picknicken. Blickfang und Aussichtsbühne zugleich ist die ebenfalls von Gehry entworfene BP Bridge, eine innovativ aus Holz und Stahl konzipierte Fußgängerbrücke über den Columbus Drive. Ab dem Visitor Center führen die Chicago Greeters auf knapp einstündigen Gratis-Führungen durch den Park (→ MERIAN-Tipp, S. 35).
Visitor Center, 201 E. Randolph St.; www.millenniumpark.org; im Sommer tgl. 9–19 Uhr, sonst kürzer; Red Line: Washington St.; Park: tgl. 6–23 Uhr; Eintritt frei

Navy Pier ⇢ S. 117, E–F 6
Touristische Extravaganz par excellence: Weit ragt der 1916 als Vergnügungspark eröffnete Navy Pier in den Lake Michigan hinein und gewährt Panoramablicke auf den See und die Skyline samt den Ausflugsbooten im Vordergrund. Hier ist viel geboten: diverse Einkaufsarkaden und Restaurants, Straßenkünstler und ein Vergnügungspark, mehrere Veranstaltungshallen und Museen sowie ein Chicago Information Center.

Laut und bunt lädt der Pier Park zu Fahrten mit Riesenrad und Kettenkarussell, zu Minigolf und anderen Abwechslungen ein (Tickets ab 5 $, Mo–Do 10–20, Fr–Sa 10–22 und So 10–19 Uhr). Wissenschaftliches kindgerecht aufbereitet finden kleine Besucher im **Chicago Children's Museum** (→ Familientipps, S. 27). Filme im Großformat präsentiert das IMAX Theater (ab 11 $, Kinder 9 $, Tel. 3 12/5 95-5MAX, www.imax.com/chicago). Spaß bieten auch die Labyrinthgänge des Amazing Chicago's Funhouse Maze (Mo–Do 10–20, Fr–Sa 10–22, So 10–19 Uhr; 11 $, Kinder 10 $) und die mitreißenden Abenteuer-Simulationen des Transporter PX (6 $). Das Smith Museum of Stained Glass Windows lädt mit seiner leuchtenden Farbenpracht zum Staunen ein (So–Do 10–20, Fr–Sa 10–22 Uhr; kein Eintritt).

Segway Experience of Chicago bietet geführte zweistündige Stadtbesichtigungen mit den modernen, durch Körpereinsatz gesteuerten Segway-Rollern (im Sommer tgl. 10, 13.30 und 17 Uhr, Tel. 3 12/6 63-06 00; 1 Std. 50 $, 2 Std. 75 $), während Bike Chicago per Fahrrad durch die City und entlang des Michigan Lake führt (im Sommer, geführte Touren tgl. 11.30 und 13.30 Uhr, Mi und Fr auch 19 Uhr, Verleih ab 8 $/Std., geführte Tour ab 30 $, Kinder 15 $, Tel. 3 12/7 55-04 88, 8 88/2 45-39 29, www.bikechicago.com).

Die Ausflugsboote vom Pier zeigen Chicago von seiner schönsten Seite, sie kreuzen vor der Skyline und auf den Flüssen im Stadtgebiet, darunter der stolze Viermaster »Windy« (Tel. 3 12/5 95-55 55) und die gelben, PS-starken »Seadog«-Speedboote (Tel. 3 12/8 22-72 00). Diverse Sightseeingboote stechen ab dem Pier in den See, präsentieren die vielfältige Architektur der Stadt oder bringen ihre Passagiere als Water Taxi von einem Punkt zum anderen (Tel. 3 12/2 22-93 28; www.shorelinesightseeing.com). Um auf einer komfortablen Bootstour bei gutem Essen Chicagos Prachtanblicke zu genießen, bucht man ab dem Navy Pier eine Lunch oder Dinner Cruise mit der luxuriösen, schnittigen »Spirit of Chicago« (→ S. 52), der eleganten »Odyssey« (→ S. 52) oder der »Mystic Blue« (→ S. 52).

Informationen zum Navy Pier und seinen Attraktionen: Tel. 3 12/5 95-PIER, 8 00/5 95-PIER oder www.navypier.com; Bus 124/Navy Pier Express: Navy Pier

Shedd Aquarium 🐟 ⋯⋯⋯ S. 119, E 9
Am Grant Park befindet sich das fantastische und größte amerikanische Aquarium mit Szenarien von Korallenriffen, Dschungelflüssen und der Tiefsee. Die beeindruckend naturgetreuen Lebensräume bieten rund 33 000 Tieren ein Zuhause – von den Haien im neuen »Wild Reef«, Walen und Delfinen über Seerobben, Seehunde und Pinguine bis zu Fröschen, Fischen und den Kleinstlebewesen des Meeres.

1200 S. Lakeshore Dr.; www.sheddaquarium.org; Bus 146: Museum Campus Dr./Field Museum; im Sommer tgl. 9–18 Uhr, im Winter kürzer; Eintritt ab 16 $, Kinder 12 $

Water Tower
⋯⋯⋯ Umschlagkarte vorne, nördl. c 1
Fast ein wenig bizarr inmitten seiner modernen Wolkenkratzernachbarn aus glänzendem Glas und Stahl wirkt der Water Tower, ein eherner gotischer Turmbau aus Kalkstein mit einer Vielzahl kleiner Spitzen und schmucker Türmchen. Der 47 m hohe Wasserturm von 1869 ist Chicagos ältestes Bauwerk, das wie durch ein Wunder dem Flammenfraß von 1871 entkommen war. Im Water Tower sind das städtische Visitor Center, eine Fotoausstellung zu Chicago und das Lookingglass Theatre untergebracht.
806 N. Michigan Ave.; Bus 66: Chicago/Michigan

Willis Tower
⋯⋯⋯ Umschlagkarte vorne, a 5
443 m und 110 Stockwerke hoch ist der aus neun Gebäuden bestehende, größte Wolkenkratzer Nordamerikas, der lange Zeit unter dem Namen Sears Tower bekannt war. Bis 1997 führte der markante schwarze Hochbau die Hitliste der welthöchsten Gebäude an. Die Spitzen seiner Dachantennen reichen bis auf über 520 m. Die Aussichtsetage »Skydeck Observatory« im 103. Stock liegt atemberaubende 412 m über der Stadt, eine

Chicago

weitere Aussichtsetage befindet sich in der 99. Etage. Der Willis Tower besitzt noch immer die welthöchste »begehbare« Etage, denn die Petronas Towers in Malaysia erreichen nur mit einem rund 60 m hohen, ungenutzten Spitzdach die Rekordhöhe von 452 m. Der beste Zeitpunkt für ein Panoramafoto ist nachmittags.
225 S. Wacker Dr./Eingang Jackson Blvd.; www.the-skydeck.com; tgl. 9–23 Uhr; Blue Line: Jackson/Blue; Eintritt 13 $, Kinder 9,50 $

MUSEEN

The Art Institute of Chicago
·····> Umschlagkarte vorne, c 4/5

Herausragendes Kunstmuseum im Grant Park mit Kunstsammlungen aus 4000 Jahren: bedeutende französische und weitere europäische Gemäldesammlungen des 19. und 20. Jh., die größte Sammlung impressionistischer Malerei außerhalb von Paris sowie prächtige Glasfenster von Marc Chagall. Außerdem Werke amerikanischer Meister, Waffen, Miniaturen, Fotografien, Textilien, asiatische Kunstobjekte und authentische Gebäudefragmente. Im Mai 2009 eröffnete mit dem »Modern Wing« ein neuer Flügel, ein architektonisches Wahrzeichen aus Glas, Kalkstein und Aluminium. Im Sommer bietet sich das malerische Gartenrestaurant zur (Mittags-)Pause an. Eine moderne Fußgängerbrücke verbindet das Museum mit dem Millennium Park.
111 S. Michigan Ave.; www.artic.edu; Brown Line: Adams/Wabash; Mo–Fr 10.30–17, Do bis 20, Sa–So 10–17 Uhr; Eintritt 12 $, Kinder 7 $, im Feb. Eintritt frei

Chicago Children's Museum
·····> Umschlagkarte vorne, e 2
→ Familientipps, S. 27

Chicago History Museum
·····> S. 115, E 3

Detailliert beleuchtet das Geschichtsmuseum am Südende des Lincoln Park die wechselvolle Geschichte Chicagos. Man kann sich u. a. über die Ureinwohner der Stadt, historische Ereignisse wie das Große Feuer von 1871 sowie über bedeutende Erfindungen informieren. Das Museum stellt die Entwicklung Chicagos von den Anfängen bis zum heutigen Status als Unterhaltungsmetropole und multikulturelles Zentrum dar.
1601 N. Clark St.; www.chicagohs.org; Red Line: Clark/Division; Mo–Mi, Fr–Sa 9.30–16.30, Do bis 20, So 12–17 Uhr; Eintritt 14 $, Kinder 12 $, Mo Eintritt frei

The Art Institute of Chicago wurde 1866 durch eine Initiative wohlhabender Bürger gegründet, die Fonds zum Ankauf von Kunstwerken einrichteten.

Chicago – »Home of the Blues«

In Chicago wurde eine Musikrichtung geprägt, die bis heute stilbildend wirkt: der Blues.

Chicago wird oft als Hauptstadt des Blues bezeichnet – und tatsächlich ist diese Musikrichtung noch immer »die« Musik der Metropole am Lake Michigan. Davon zeugen die diversen **Musiklokale** und **Clubs** (→ Am Abend, S. 47) im Loop, der Innenstadt von Chicago, und natürlich das berühmte **Chicago Blues Festival**. Dieses größte, kostenlose Bluesfestival der Welt findet seit 1984 alljährlich an vier Tagen im Juni im Grant Park statt (→ Feste und Events, S. 19). Doch Chicago ist nicht nur Hauptstadt des Blues, sondern auch seine Heimat: Hier liegen die Wurzeln dessen, was den Blues bis heute im Wesentlichen ausmacht. Hier entwickelte sich die Art und Weise, wie diese Musikrichtung bis heute gespielt wird: laut, mit akustischen Instrumenten, elektrisch verstärkten Gitarren und einem Mundharmonikaspiel mit viel Gefühl.

BLUES, DIE MUSIK DER SCHWARZEN

In der ersten Hälfte des 20. Jh. kamen Tausende Afroamerikaner, oft Nachkommen ehemaliger Sklaven, aus dem armen Süden der USA nach Chicago, weil sie hofften, in der prosperierenden Stadt leichter Arbeit zu finden. Sie brachten ihre Kultur und ihre Musik mit und pflegten beides auch in der neuen Heimat. Meist waren es die Männer, die in den Liedern die **Geschichte der großen Migration** aus dem ländlichen Süden in die industrialisierten Städte des Nordens erzählten, die vom Sklavenleben, der neuen Arbeit und dem Überlebenskampf im Alltag sangen. Die meisten dieser schwarzen Hobbymusiker sind längst vergessen, doch ihre ausdrucksstarke Musik lebt bis heute in vielen Varianten weiter. Manche von ihnen schafften es jedoch und wurden durch den Blues berühmt.

Buddy Guy, 1936 in Louisiana als Sohn von Landarbeitern geboren, ist heute einer der wichtigsten Bluesmusiker der USA. Mit 20 Jahren war Buddy auf der Suche nach Arbeit nach Chicago gezogen, wo er dann im 708 Club von **Otis Rush** und **Muddy Wa-**

MERIAN-Spezial

ters entdeckt wurde. Mittlerweile gilt Buddy Guy als einer der innovativsten Gitarristen, sein Stil hat unzählige Musiker geprägt. Ihm gehört sogar ein eigener Club, der sich als Treffpunkt für Musiker und Freunde des Blues etabliert hat: Buddy Guy's Legends.

EMPFEHLENSWERTE BLUESCLUBS
B.L.U.E.S. ····> S. 114, nördl. C 1
Seit Jahren einer der besten und authentischsten Bluestreffs in Chicago. Livemusik gibt es täglich und meist ab 21.30 Uhr, es empfiehlt sich aber, früher zu kommen, wenn man einen Sitzplatz möchte. In der Regel treten hier die besten Chicagoer Bluesbands und -musiker auf.
2519 N. Halsted St.; Tel. 7 73/5 28-10 12; www.chicagobluesbar.com; Red Line: Fullerton; So–Fr 20–2, Sa 2–3 Uhr

Buddy Guy's Legends ····> S. 119, D 9
Legendärer Club des großen Bluesmusikers, mitten im South Loop. Hier spielen lokale Größen, junge Nachwuchsbands, aber auch internationale Stars wie Eric Clapton, Carlos Santana und ZZ-Top und hin und wieder sogar Buddy Guy persönlich »echten« Chicago Blues. Fotos der Musiker, ihre alten Gitarren und Schallplatten an den Wänden bestimmen die Atmosphäre des Clubs.
754 S. Wabash Ave.; Tel. 3 12/4 27-03 33; www.buddyguys.com; Red Line: Harrison; Mo–Fr 11–2, Sa 17–3, So 18–2 Uhr

House of Blues
····> Umschlagkarte vorne, b 4
Bekannter, großer Blues- und Musikclub mit täglichen Livekonzerten im Marina City Complex. Das durch seine farbenfrohe Opulenz beeindruckende Ambiente des Clubs ist nach dem Prager Ständetheater gestylt. Im hauseigenen Restaurant wird deftige Südstaatenküche serviert, besonders populär ist der Sunday Gospel Brunch.
329 N. Dearborn St.; Tel. 3 12/9 23-20 00; www.hob.com; Bus 151: Michigan/Illinois; Lunch und Dinner; tgl. ab 11.30 Uhr, Restaurant bis 24 Uhr, Music Hall bis 2 Uhr geöffnet

Weitere Informationen unter:
····> www.downloadchicagotours.com
Virtuelle Audiotour durch die Bluesszene mit zahlreichen Hörstücken und informativen Berichten;
····> www.chipublib.org
Chicago Blues Archives mit Höraufnahmen und Filmen, Videos älteren und neueren Datums und weiteren Informationen

Zu den Bluesgrößen in Chicago zählt die Scott Brothers World Band der Brüder Walter und Howard Scott – hier bei einem Auftritt im B.L.U.E.S.

Für den Besuch des fantastischen Museum of Science and Industry sollte man auf alle Fälle mehrere Stunden einplanen.

DuSable Museum of African American History ⇢ S. 120, B 14

Anschauliches und gut gemachtes Geschichtsmuseum zur Thematik der schwarzen Amerikaner in Chicago und den USA. Am Ostrand des Washington Park.

740 E. 56th Pl.; www.dusable museum.org; Bus 55: 55th St./Cottage Grove; Mo–Sa 10–17, So 12–17 Uhr; Eintritt 3 $, Kinder 2 $, So Eintritt frei

Field Museum 👫 ⇢ S. 119, E 9

Der mit ionischen Säulen ausgestattete Prachtbau von 1912 ist eines der traditionsreichsten und besten naturgeschichtlichen Museen der USA. Reichhaltige Ausstellungen widmen sich einem weiten Themenspektrum, zu dem u. a. gehören: Dinosaurier, das alte Ägypten und Archäologie, der Kontinent Afrika oder der Pazifik. In der monumentalen Eingangshalle beeindruckt »Sue«, das größte und besterhaltene Skelett eines Tyrannosaurus Rex. Im vergrößerten Umfeld des »Underground Adventure« fühlen sich die Besucher in die Welt der Käfer versetzt.

1400 S. Lake Shore Dr. im Grant Park; www.fieldmuseum.org; Bus 146 Roosevelt; tgl. 10–17 Uhr; Eintritt Erw. 15 $, Kinder 10 $

Museum of Contemporary Art ⇢ Umschlagkarte vorne, C 1

Wer sich für moderne amerikanische Kunst interessiert, sollte dieses renommierte Museum an der Magnificent Mile besuchen. Seine Exponate aus der zweiten Hälfte des 20. Jh. schließen zeitgenössische Malerei und Skulpturen, aber auch Foto- und Videokunst ein. U. a. Werke von Andy Warhol und Jasper Johns.

220 E. Chicago Ave.; www.mcachicago.org; Di 10–20, Mi–So 10–18 Uhr; Bus 66: Chicago/Mies Van Der Rohe; Eintritt 12 $, Kinder 7 $

Museum of Contemporary Photography ⇢ S. 117, D 8

Ereignisse, Experimente und Ergebnisse rund um das Thema Fotografie als Kunstgegenstand.

600 S. Michigan Ave.; www.mocp.org; Blue Line: Jackson/Blue; Mo–Sa 10–17, Do bis 20, So 12–17 Uhr; Eintritt frei

Chicago

Museum of Science and Industry
⇢ S. 121, E 14
Eines der Vorzeigemuseen der Stadt: Großartige interaktive Ausstellungen aus den Bereichen Naturwissenschaften und Technologie. Eine Kohlenmine kann besichtigt werden, im Omnimax Theater werden Filme gezeigt. Im Jackson Park.
E.57th St.,/Lakeshore Dr.; www.msichicago.org; Bus 6: 56th St./Hyde Park Blvd.; im Sommer Mo–Sa 9.30–17.30, So 11–17.30 Uhr, sonst kürzer; Eintritt 13 $, inkl. 1 Omnimax-Vorstellung 20 $, Kinder 9 bzw. 14 $

Peggy Notebaert Nature Museum
⇢ S. 115, E 1
Das interaktive Museum der Chicago Academy of Sciences im Lincoln Park nördlich von Downtown beschäftigt sich mit der regionalen Ökologie und Naturgeschichte. Im Judy Istock Butterfly Haven, einem rund 8,5 m hohen Tropenhaus, flattern prächtige exotische Schmetterlingsarten.
2340 N. Cannon Dr.; www.chias.org; Bus 76: Cannon/Nature Museum/Fullerton; Mo–Fr 9–16.30, Sa–So 10–17 Uhr; Eintritt 9 $, Kinder 7 $

Essen und Trinken

Alinea
⇢ S. 114, C 3
Sehr exquisite, trendig-teure Menükreationen, fast zu schade zum Essen! In diesem preisgekrönten Restaurant, das zu den besten der Stadt zählt, wird Essen als Kunstform präsentiert. Nahe des Royal George Theatre.
1732 N. Halsted St.; Tel. 3 12/8 67-01 10; www.alinea-restaurant.com; Red Line: North/Clybourn-North; Mi–So nur Dinner ●●●●

Charlie Trotter's
⇢ S. 114, C 2
Frische, innovativ zubereitete Gerichte mit internationalem Flair. Das feine Dinner-Restaurant gilt seit über 20 Jahren als einer der beständigsten Faktoren in der gastronomischen Oberliga Chicagos. Reservierungen sind ein Muss.
816 W. Armitage Ave.; Tel. 7 73/2 48-62 28, www.charlietrotters.com; Blue Line: California/O'Hare; Di–Do 18–21, Fr–Sa 17.30–21 Uhr ●●●●

Moto
⇢ S. 116, westl. A 6
Trendiges Feinschmeckerrestaurant mit minimalistischem Ambiente und kreativen Menüs aus 10 bis 20 Gängen. Der besondere Clou: Auch die Speisekarten sind essbar!
945 Fulton Market; Tel. 3 12/4 91-00 58; www.motorestaurant.com; Blue Line: Grand/Blue; nur Dinner Di–Sa ●●●●

Nick's Fishmarket Restaurant
⇢ Umschlagkarte vorne, b 4
Eines der Wahrzeichen der Chicagoer Restaurantszene: mit Fisch und Steaks der Gourmetklasse. Top-Spezialitäten sind Hummer aus Maine und Fisch aus Hawaii.
51 S. Clark St./One First National Bank Plaza; im Loop; Tel. 3 12/6 21-02 00; www.nicksfishmarketchicago.com; Blue Line: Monroe/Blue; Lunch Mo–Fr, Dinner Mo–Sa ●●●●

Park Grill
⇢ Umschlagkarte vorne, c 4
Elegantes Restaurant am Millennium Park. Große Glasfronten mit Sicht auf den Park machen das Dinieren zum jahreszeitlich abwechslungsreichen Erlebnis.
11 N. Michigan Ave., Tel. 3 12/5 21-72 75; www.parkgrillchicago.com; Blue Line: Washington/Blue; tgl. Lunch und Dinner ●●●●

Signature Room at the 95th
⇢ S. 117, D 5
Typisch Chicago: ein feines Restaurant im 95. Stock des John Hancock Center, mit fabelhaftem Panoramablick über die Wolkenkratzer bis zum Horizont des Lake Michigan. Ein Fest für Gaumen und Augen!
875 N. Michigan Ave.; Tel. 3 12/7 87-95 96; www.signatureroom.com; Bus 66: Chicago/Michigan; Lunch und Dinner, So auch Brunch ●●●●

Chicago

Café Baba Reeba ⇢ S. 114, C 2
Bar, Straßencafé und Restaurant mit herzhafter spanischer Küche, auch verschiedene Paellas. Der Gast kann sich aus kalten und warmen Tapas selbst ein Menü zusammenstellen.
2024 N. Halsted St.; www.cafebaba reeba.com/chicago; 3 km nördl. von Downtown, an der Armitage Ave.; Bus 8: Halsted/Armitage; Tel. 7 73/9 35-50 00; tgl. 12–24 Uhr ●●●

Gene & Georgetti's
⇢ Umschlagkarte vorne, a 2
Das gediegene Steakhaus serviert seit fast 70 Jahren Chicagos berühmte Rindersteaks und andere Fleischspezialitäten.
500 N. Franklin St.; Tel. 3 12/5 27-37 18; www.geneandgeorgetti.com; Blue Line: Clark/Lake; Mo–Do 11–23, Fr–Sa 11–24 Uhr, Lunch und Dinner ●●●

Giordano's
⇢ Umschlagkarte vorne, c 1
Die exzellente Käsefüllung und die würzige Tomatensauce sind Markenzeichen von Chicagos berühmter, dick belegter »deep dish pizza«, die seit mehr als drei Jahrzehnten italienische Gaumenfreuden bietet.
730 N. Rush St.; Tel. 3 12/9 51-07 47; www.giordanos.com; Bus 66: Chicago/Rush; Lunch und Dinner ●●●

Lobby Restaurant im Peninsula Hotel ⇢ Umschlagkarte vorne, c 1
»Das« Restaurant für den feudalen Afternoon Tea: Besonders edel ist die Champagner-Version des »High-Tea«. Freitags werden die kulinarischen Highlights von Modepräsentationen begleitet. An Wochenenden opulenter Brunch.
108 E. Superior St.; Tel. 3 12/5 73-67 60; www.peninsula.com; Bus 66: Chicago/Rush; Fr und Sa von 20–24 Uhr ●●●

Salpicon ⇢ S. 115, E 4
Authentische, moderne mexikanische Küche mit dem Flair von Cuernavaca. Sehr gute Weinliste.
1252 N. Wells St.; Tel. 3 12/9 88-78 11; www.salpicon.com; Bus 156: LaSalle/Goethe; tgl. außer Di Dinner ●●●

The Rosebud ⇢ S. 118, westl. A 9
Populäres italienisches Restaurant mit elegantem Ambiente und riesigen Pasta-Portionen.
1500 W. Taylor St., Little Italy; Tel. 3 12/9 42-11 17; www.rosebud restaurants.com; Bus 9: Ashland/Taylor; Lunch Mo–Fr, tgl. Dinner ●●●

Wishbone ⇢ S. 116, westl. A 7
Legeres Ambiente und exzellente Südstaatenküche – so lässt sich das Wishbone kurz und knapp beschreiben. Ungewöhnliche, aber zur Küche passende Beilagen sind Mais- und Bananenbrot.
1001 W. Washington Blvd., Greektown; Tel. 3 12/8 50-26 63; www.wishbonechicago.com; Bus 20: Madison/Morgan; tgl. Frühstück und Lunch, Di–Sa auch Dinner ●●●

Greek Islands ⇢ S. 116, A 8
Populäres griechisches Restaurant: Auf der Karte stehen verschiedene Fischgerichte und Spezialitäten aus dem Meer sowie Lamm- und Hühnchengerichte. Lokales Flair im größten Restaurant von Greektown.
200 S. Halsted St., Greektown; Tel. 3 12/7 82-98 55; www.greekislands.net; Bus 22: Dearborn/Ontario; tgl. Lunch und Dinner ●●

Lou Mitchell's ⇢ S. 116, B 8
Große Frühstücks- und Lunchportionen in nostalgischem Ambiente: Seit 1923 existiert der Diner am Beginn der legendären Route 66. Über »America's Mother Road« von Chicago über St. Louis nach Los Angeles waren ab den 1930er-Jahren Autokarawanen aus dem Mittelwesten nach Kalifornien gezogen.
565 W. Jackson Blvd.; Tel. 3 12/9 39-31 11; www.loumitchells restaurant.com; Blue Line: Clinton/Blue; Mo–Sa 5.30–15, So 7–15 Uhr ●●

Wer sich für amerikanische Geschichte interessiert, ist im traditionsreichen Abraham Lincoln Book Shop am richtigen Platz.

Pizzeria Uno
⤳ Umschlagkarte vorne, c 2
Mit Chicagos erster »deep dish pizza« schrieb die »Pizzeria Nr. 1« 1943 Geschichte. Noch heute ist die Pizza ein Hit!
29 E. Ohio St.; Tel. 3 12/3 21-10 00; www.unos.com; Red Line: Grand/Red; tgl. Lunch und Dinner ●●

Gold Coast Dogs
⤳ Umschlagkarte vorne, c 3
Hier gibt's die echten Chicago Hot Dogs, die traditionell ohne Ketchup gegessen werden, dafür mit Senf, Zwiebeln, Relish, Paprika, Gurken und Selleriesalz. Ursprünglich stammen die kleinen Würstchen im Brot aus deutscher Hand, doch verbindet sie eine lange Beziehung mit Chicago.
159 N. Wabash Ave.; Tel. 3 12/9 17-16 77; www.goldcoastdogs.net; Blue Line: Clark/Lake ●

Hooters
⤳ Umschlagkarte vorne, a 1
Restaurantkette, bekannt durch ihre Chicken Wings und Hamburger – und ihr flottes Kellnerinnenteam.
660 N. Wells St., River North; Tel. 3 12/6 64-94 60; www.hooters.com; Brown Line: Chicago/Brown; tgl. Lunch und Dinner ●

Einkaufen
Das Rabattsystem »ChicaGO Guide to Special Values« bietet 11 % Ermäßigung auf bestimmte Waren und Dienstleistungen, u. a. Rundfahrten, Restaurants, Theater und Geschäfte.

Abraham Lincoln Book Shop
⤳ Umschlagkarte vorne, a 1
Gängige und seltene Bücher, Manuskripte und Fotos von und über Abraham Lincoln und seine Zeit. Eine Fundgrube für Interessenten der US-amerikanischen Geschichte.
357 W. Chicago Ave.; www.alincoln bookshop.com; Bus 66: Chicago/Orleans; Mo–Fr 9–17, Do bis 19, Sa 10–16 Uhr

Art Institute of Chicago Museum Shop
⤳ Umschlagkarte vorne, c 4/5
Ausgezeichneter Museumsshop mit Büchern, Bildern sowie Schmuck- und Kleidungsstücken zum Thema Kunst.
Michigan Avenue Lobby; www.artinstitute shop.org; Brown Line: Adams/Wabash; Mo–Fr 10.30–17.30, Do bis 20, Sa/So 10–17 Uhr

Chicago

Chicago Place ⇢ S. 117, D 5–6
Einkaufszentrum der gehobenen Art an der Magnificent Mile. Acht Stockwerke mit Mode und Accessoires aus aller Welt.
700 N. Michigan Ave.; www.chicago-place.com; Bus 66: Chicago/Michigan; Mo–Fr 10–19, Sa 10–18, So 12–17 Uhr

Chicago Premium Outlet Mall
⇢ S. 116, südwestl. A 8
Große Shopping-Mall in Aurora mit 120 Outlet-Geschäften, in denen hochwertige Waren zu reduzierten Preisen angeboten werden. Zu erreichen mit einem der Metra-Vorortzüge (→ S. 50) oder mit dem Gray-Line-Zubringerbus (Tel. 8 00/6 21-41 53).
Aurora, 65 km südwestl. von Chicago; 1650 Premium Outlets Blvd.; www.premiumoutlets.com; Mo–Sa 10–19, So 10–18 Uhr

Filene's Basement ⇢ S. 117, D 5
Discount-Kaufhaus an der Magnificent Mile. Mit unglaublicher Auswahl, vor allem an Kleidung und Schuhen. Zwischen 30 und 60 % Rabatt auf reguläre Ladenpreise.
830 N. Michigan Ave.; www.filenesbasement.com; Bus 66: Chicago/Michigan; Mo–Sa 9–21, So 10–19 Uhr

Ghirardelli Soda Fountain & Chocolate Shop ⇢ S. 117, D 5
Dieses Süßwarengeschäft vom Feinsten ist ein wahres Paradies voller Schleckereien aus Schokolade mit hochwertigen Zutaten.
830 N. Michigan Ave.; www.ghirardelli.com; Bus 66: Chicago/Michigan; So–Do 10–22, Fr–Sa 10–24 Uhr

Gurnee Mills Outlet Mall
⇢ S. 119, nördl. A 9
Schnäppchenjäger aufgepasst: erstklassiges Einkaufszentrum mit über 200 Geschäften, die Restposten und zweite Wahl an Markenwaren bekannter Hersteller zu Fabrikpreisen verkaufen.
Gurnee, ca. 70 km nördl. von Chicago, 6170 W. Grand Ave.; Zufahrt via I-94 North, Ausfahrt auf SR 132; www.gurneemillsmall.com; Mo–Fr 10–21, Sa 10–21.30, So 11–19 Uhr

Illinois Harley-Davidson
⇢ S. 116, westl. A 8
Größter Harley-Händler der Region. Kultige Accessoires, das Neueste in Leder aus dem Hause Harley und riesige Auswahl an coolen Harley-T-Shirts.

Die Magnificent Mile (→ S. 33) heißt zu Recht »prächtige Meile«: Exklusive Geschäfte, Museen, Restaurants und Hotels säumen die Einkaufsstraße.

Berwyn, 13 km westl. von Chicago, 1301 S.Harlem Ave. (I-290, Ausfahrt auf Hwy. 43); www.ilharley.com; keine Bus- oder Zuganbindung; Mo–Do 10–20, Fr 10–18, Sa 9–17 Uhr

The Jeweler's Center at the Mallers Building
···> Umschlagkarte vorne, c 4

Das J.B. Mallers Building wurde 1912 im Art-déco-Stil erbaut. 50 Händler bieten ein riesiges Sortiment an Juwelen, Schmuck und Uhren. Nirgendwo im Mittelwesten findet man so viele Juwelenhändler auf einem Fleck.
5 S. Wabash Ave.; www.jewelers center.com; Blue Line: Monroe/Blue; Mo–Sa 9–17 Uhr

Macy's 🍴
···> Umschlagkarte vorne, b 3/4

Eines der größten Kaufhäuser der Welt. Entsprechend breit aufgestellt ist das Angebot an aktueller Mode, Accessoires und vielem mehr. Für Kinder ein Traum ist der Top-Spielwarenladen FAO Schwarz (www.fao.com). Nach dem Shoppen erholt man sich im Restaurant »Walnut Room«.
111 N. State St.; www.visitmacys chicago.com; Blue Line: Washington/Blue; Mo–Sa 10–20 und So 11–18 Uhr

Magnificent Mile
···> Umschlagkarte vorne, c 1/2

Dutzende eleganter Spezialgeschäfte, Boutiquen und Einkaufszentren sowie feiner Restaurants und schicker Hotels über etwa acht Straßenblocks auf der North Michigan Avenue verteilt. Beliebter Veranstaltungsort.
www.themagnificentmile.com; Bus 66: verschiedene Stopps

Oak Street ···> S. 117, D 5

Am nördlichen Ende der Magnificent Mile biegt man in die East Oak Street ein, Chicagos erster Adresse für exklusive Boutiquen sowie für feine Restaurants und Kunstgalerien.
www.oakstreetchicago.com; Bus 66: Chicago/Michigan

Sandmeyer's Bookstore
···> S. 116, C 8

Kleiner, unabhängiger und individueller Buchladen im South Loop. Ruhige Atmosphäre und beeindruckende Auswahl. Seit 1982 im Familienbesitz.
714 S. Dearborn St.; www.sandmeyers bookstore.com; Red Line: Harrison; Mo–Mi und Fr 11–18.30, Do 11–20, Sa 11–17, So 11–16 Uhr

Water Tower Place ···> S. 117, D 5

Elegantes Einkaufszentrum an der Magnificent Mile, mit zwei Kaufhäusern, 125 Geschäften und sieben Kinos auf acht Etagen. Siebenstöckiges Atrium mit Wasserfall. Nobler Food Court.
835 N. Michigan Ave.; www.shopwater tower.com; Bus 66: Chicago/Michigan; Mo–Sa 10–21, So 11–18 Uhr

AM ABEND
Abbey Pub & Restaurant
···> S. 114, nordwestl. A 3

Seit 1973 lädt dieses irische Restaurant zu traditionellem irischen Entertainment mit Livemusik, Sportsbar etc. ein.
3420 W. Grace St.; 11 km nordwestl. von Downtown; I-94 Ausfahrt Kimball Ave.; Tel. 7 73/4 78-44 08; www.abbeypub.com; Blue Line: Addison/Blue; Mo–Fr 11–2, Sa 9–3, So 9–2 Uhr

Andy's Jazz Club & Restaurant
···> Umschlagkarte vorne, c 2

Fast 60 Jahre alt und kein bisschen leise: Mainstream, Bebop und Swing Jazz serviert der altgediente Club, dazu gibt's Burger, Pommes und Co.
11 E. Hubbard St.; Tel. 3 12/6 42-68 05; www.andysjazzclub.com; Bus 151: Michigan/Illinois; tgl. 5–1.30 Uhr

Billy Goat Tavern & Grill
···> Umschlagkarte vorne, c 2

Im Jahr 1934 etabliert, heute ein Wahrzeichen der Chicagoer Kneipenszene und populärer Treffpunkt. Man steigt von der Magnificent Mile die Treppe zur Hubbard Street hinunter,

Das Chicago Symphony Orchestra zählt zu den »Big Five« der großen Symphonieorchester in den USA.

der Eingang liegt unscheinbar unter der Brücke.
430 N. Michigan Ave.; Tel. 3 12/ 2 22-15 25; www.billygoattavern.com; Bus 151: Michigan/Illinois; tgl. 6–2 Uhr

Blue Chicago
⋯⋯> Umschlagkarte vorne, b 1
Traditionelles, uriges Blueslokal, in dem die Stimmung der 1920er-Jahre auflebt. Ein Schwesterlokal befindet sich auf der N. Clark St. Nr. 536.
736 N. Clark St.; Tel. 3 12/6 42-62 61; www.bluechicago.com; Bus 66: Chicago/Clark; So–Do 20–2, Sa 20–3 Uhr

B.L.U.E.S. ⋯⋯> S. 114, nördl. C 1
→ MERIAN-Spezial, S. 40

Buddy Guy's Legends ⋯⋯> S. 119, D 9
→ MERIAN-Spezial, S. 40

Chicago Brauhaus
⋯⋯> S. 114, nordwestl. A 1
»German Gemutlichkeit« mit Wiener Schnitzel, Kassler Rippchen und Apfelstrudel, abends Livemusik. Immer in Oktoberfestlaune!
4732 N. Lincoln Ave. (am Lincoln Square, 10 km nördl. von Downtown); Tel. 7 73/7 84-44 44; www.chicagobrauhaus.com; Brown Line: Western/Brown; tgl. außer Di 11–2 Uhr

Chicago Kids Company
⋯⋯> S. 114, nordwestl. A 3
→ Familientipps, S. 27

Chicago Shakespeare Theater
⋯⋯> S. 117, F 6
Renommierte Inszenierungen von William Shakespeare im modernen Theater an der Navy Pier. 510 Sitzplätze.
800 E. Grand Ave.; Tel. 3 12/5 95-56 00; www.chicagoshakes.com; Bus 66: Navy Pier Terminal

Chicago Symphony Orchestra
⋯⋯> Umschlagkarte vorne, c 5
Das CSO, eines der berühmtesten Symphonieorchester Nordamerikas, ist im Symphony Center beheimatet. Über 200 Konzerte im Jahr finden dort statt.
220 S. Michigan Ave.; Tel. 3 12/2 94-30 00; www.cso.org; Bus 151: Michigan/Madison/Monroe

Dick's Last Resort
⋯⋯> Umschlagkarte vorne, b 3
Tgl. ab 19 Uhr Live Dixieland Jazz, jede Menge Trubel und eine großartige Bierauswahl. In den Marina Towers mit Terrasse am River East.
315 N. Dearborn St.; Tel. 3 12/8 36-78 70; www.dickslastresort.com; Bus 151: Michigan/Illinois; Mo–Fr 11–24, Fr/Sa 11–2, So 10–1 Uhr

Goose Island Beer Company
⋯⋯> S. 114, B 3
Populäre Brauereikneipe rund 3 km nördlich von Downtown. Im Restaurant werden herzhafter Lunch und Dinner angeboten, vor allem jedoch täglich zehn Sorten frisch gebrautes Bier und solches in Flaschen. Oft zusätzlich Livemusik.

Chicago

1800 N. Clybourn Ave.; Tel. 3 12/
9 15-00 71; www.gooseisland.com;
Red Line: North/Clybourn; tgl. ab 11 Uhr,
Fr, Sa bis 2 Uhr

Hard Rock Café
⸺⸺⸺⸻▷ Umschlagkarte vorne, b 1

Internationale Restaurantkette im Rock-and-Roll-Outfit. Amerikanische Küche mit Burger und Co.
63 W. Ontario St.; Tel. 3 12/9 43-22 52; www.hardrock.com; Bus 151: Michigan/ Erie; So–Do 11–24, Fr/Sa 11–1 Uhr

House of Blues
⸺⸺⸺⸻▷ Umschlagkarte vorne, b 4
→ MERIAN-Spezial, S. 40

Jazz Showcase ⸺▷ S. 116, südl. C 8
Jazzlokal im historischen Dearborn Station Building.
806 S. Plymouth St.; Tel. 3 12/3 60-02 34; www.jazzshowcase.com; Red Line: Harrison; tgl. ab 19 Uhr geöffnet, Live Jazz Music Mo–Sa 20 und 22, So auch um 16 Uhr

Joffrey Ballet
⸺⸺⸺⸻▷ Umschlagkarte vorne, c 5

Erstklassige Ballettaufführungen im Auditorium Theatre der Roosevelt University. Klassische und moderne Stücke.
50 E. Congress Parkway;
Tel. 3 12/3 86-89 05; www.joffrey.com; Bus 3: Michigan/Van Buren /Congress

Joe's Sports Bar ⸺▷ S. 114, B 4
Chicagos größte Sportbar mit 70 TVs, Livemusik und Biergarten. Die Öffnungszeiten variieren.
940 W. Weed St.; Tel. 3 12/3 37-34 86; www.joesbar.com; Red Line: North/ Clybourn; Mo–Do 17–24 bzw. 2, Fr 17–4, Sa 11–5, So 11–20 bzw. 24 Uhr

Kingston Mines ⸺▷ S. 114, C 1
Kultiger Blues-Szenetreff auf der North Side. Täglich spielen Bands auf zwei verschiedenen Bühnen.
2548 N. Halsted St.; Tel. 3 12/4 77-46 46; www.kingstonmines.com; Red Line: Fullerton; tgl. 20–4, Sa bis 5 Uhr

Lookingglass Theatre Company
⸺⸺⸺⸻▷ S. 117, D 5
Renommiertes, modernes Theater am denkmalgeschützten Water Tower Water Works Building.
821 N. Michigan Ave.; Tel. 3 12/
3 37-06 65; http://lookingglass theatre.org; Bus 66: Chicago/Michigan

The Redhead Piano Bar
⸺⸺⸺⸻▷ Umschlagkarte vorne, b 1
Mondäner Nachtclub, der seit über 50 Jahren einen attraktiven Anziehungspunkt im Magnificent Mile District darstellt. Elegante Kleidung erwünscht.
16 W. Ontario St.; Tel. 3 12/6 40-10 00; www.redheadpianobar.com; Bus 151: Michigan/Erie; tgl. 19–4, Sa bis 5 Uhr

Royal George Theatre ⸺▷ S. 114, C 3
Kabarett, Komödien und andere Bühnenstücke. Neben dem Steppenwolf Theatre.
1641 N. Halsted St., Tel. 3 12/9 88-90 00; www.theroyalgeorgetheatre.com;
Red Line: North/Clybourn

Second City Theatre ⸺▷ S. 115, D 3
Lokales Theater mit Revuen, Komödien und anderen, in der Hauptsache eigenen Inszenierungen des Ensembles. Angesiedelt in dem durch viktorianische Häuser und Kopfsteinpflaster geprägten Altstadtviertel westlich des Lincoln Park.
1616 N. Wells St.; Tel. 3 12/3 37-39 92; www.secondcity.com; Brown Line: Sedgwick

Steppenwolf Theatre Company
⸺⸺⸺⸻▷ S. 114, C 3
Avantgarde-Theater, das John Malkovich und andere amerikanische Kinogrößen hervorgebracht hat. Gezeigt werden alternative und traditionelle Theaterstücke und Filmproduktionen. In der Nachbarschaft des Royal George.
1650 N. Halsted St.; Tel. 3 12/3 35-16 50; www.steppenwolf.org; Red Line: North/ Clybourn

Chicago

SERVICE

Auskunft
Informationsbüros der Stadt
Chicago Convention &
Tourism Bureau ···→ S. 119, E 11
2301 S. Lake Shore Dr., Chicago, IL
60616; Tel. 3 12/5 67-85 00,
87 7/CHICAGO; www.gochicago.de

Chicago Cultural Center
···→ Umschlagkarte vorne, c 3/4
77 E. Randolph St.; Mo–Do 8–19, Fr 8–18,
Sa 9–18, So 10–18 Uhr; Bus 151:
Michigan/Lake/Randolph

Chicago Water Works ···→ S. 117, D 5
163 E. Pearson St.; Mo–Do 8–19, Fr 8–18,
Sa 9–18, So 10–18 Uhr; Red Line:
Chicago/Red

**Chicago Navy Pier Information
Center** ···→ Umschlagkarte vorne, e 2
600 E. Grand Ave.; So–Do 10–20, Fr/Sa
10–22 Uhr; Bus 29: Navy Pier Terminal

Öffentliche Verkehrsmittel
**Chicago O'Hare International Airport
(ORD) nordwestl. von Downtown**
Der Chicago O'Hare International
Airport (ORD) ist nach Atlanta der
zweitgrößte Flughafen der Welt, Chicago wird u. a. von United Airlines aus
Frankfurt bzw. von KLM/NWA aus
Düsseldorf angeflogen. Informationen: Tel. 7 73/6 86-22 00, 8 00/8 32-63 52; www.flychicago.com, www.chicago-ord.com. Für regelmäßige
Verbindungen nach Downtown sorgt
rund um die Uhr die Blue Line (ca.
45 Min.), Infos unter CTA (→ S. 52).
32 km nordwestl. von Chicago

Metra
Regelmäßige Zugverbindungen zwischen Downtown und den Vororten;
insgesamt rund 800 km Streckennetz
und 230 Bahnhöfe in und um Chicago. Weiterverbindungen zu vielen
CTA-Bus- und U-Bahn-Linien.
Tel. 3 12/3 22-67 74 wochentags, sonst
Tel. 3 12/8 36-49 49; www.metrarail.com;
Tickets ab 2,15 $, Wochenendpass 5 $

Amtrak-Bahnhof
···→ Umschlagkarte vorne, A 5
Union Station, 225 S. Canal St.;
Tel. 8 00/USA-RAIL; www.amtrak.com;
Bus 126: Adams/Canal

Greyhound Bus Terminal
···→ S. 116, A 8
630 W. Harrison St.; Tel. 3 12/4 08-58 21;
www.greyhound.com; Blue Line: Clinton/
Blue

Taxi
Yellow Cab
Tel. 3 12/TAXI-CAB;
www.yellowcabchicago.com

STADTRUNDGÄNGE UND BOOTSTOUREN

Chicago Architecture Foundation
···→ Umschlagkarte vorne, c 5
Zweistündige, interessante Stadtführungen zu den modernen und historischen Hochhäusern des Loop. Treffpunkt 10 Min. vor Beginn im Santa Fé
Building ArchiCenter Shop. Dort werden auch Ausstellungen und Vorträge
geboten. Weitere Führungen zu Fuß,
per Bus oder Boot.
224 S. Michigan Ave.; »Historic Skyscrapers« im Sommer tgl. 10 und 15,
Mi 17.30 Uhr, »Modern Skyscrapers«
im Sommer tgl. 13 Uhr, Fr 17.30 Uhr; Tel.
3 12/9 22-34 32; www.architecture.org;
Blue Line: Jackson/Blue; ab 15 $

**Chicago Architecture
Foundation River Cruise**
···→ Umschlagkarte vorne, c 2/3
Auf 90-minütigen Bootstouren mit
der »Chicago's First Lady«, der »Little
Lady« oder der »Fair Lady« erläutern
Führer der Chicago Architecture Foundation die beeindruckende Architektur entlang des Chicago River. Treffpunkt am Dock am Südwestende der
Michigan Avenue Brücke/E. Wacker
Dr. ca. 15–20 Min. vor Abfahrt.
333 N. Michigan Ave.; Tel. 3 12/
9 02-15 00; www.architecture.org;
Blue Line: Clark/Lake; Juni–Sept. tgl.
10–17.30 Uhr, sonst kürzere Zeiten;
Mo–Fr 28 $, Sa/So 32 $

Chicago 51

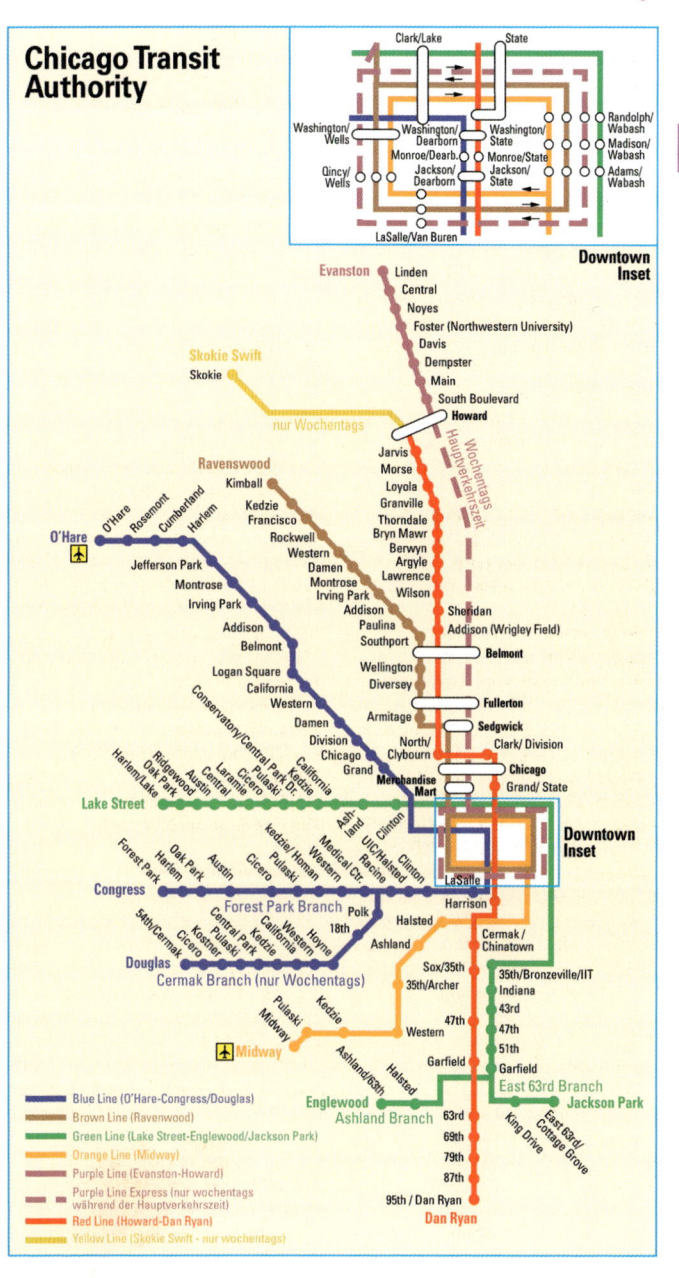

Chicago Transit Authority

Downtown Inset

- Clark/Lake
- State
- Washington/Wells
- Washington/Dearborn
- Washington/State
- Randolph/Wabash
- Monroe/Dearb.
- Monroe/State
- Madison/Wabash
- Qincy/Wells
- Jackson/Dearborn
- Jackson/State
- Adams/Wabash
- LaSalle/Van Buren

Evanston
- Linden
- Central
- Noyes
- Foster (Northwestern University)
- Davis
- Dempster
- Main
- South Boulevard
- **Howard**

Skokie Swift
- Skokie

nur Wochentags

Wochentags Hauptverkehrszeit

- Jarvis
- Morse
- Loyola
- Granville
- Thorndale
- Bryn Mawr
- Berwyn
- Argyle
- Lawrence
- Wilson
- Sheridan
- Addison (Wrigley Field)
- **Belmont**
- **Fullerton**
- **Sedgwick**
- Clark/Division
- **Chicago**
- Grand/State

Ravenswood
- Kimball
- Kedzie
- Francisco
- Rockwell
- Western
- Damen
- Montrose
- Irving Park
- Addison
- Paulina
- Southport
- Wellington
- Diversey
- Armitage
- North/Clybourn
- Merchandise Mart

O'Hare (Blue Line)
- O'Hare
- Rosemont
- Cumberland
- Harlem
- Jefferson Park
- Montrose
- Irving Park
- Addison
- Belmont
- Logan Square
- California
- Western
- Damen
- Division
- Chicago
- Grand

Lake Street (Green Line)
- Harlem/Lake
- Oak Park
- Ridgeland
- Austin
- Central
- Laramie
- Cicero
- Pulaski
- Conservatory/Central Park Dr.
- Kedzie
- California
- Ashland
- Clinton

Congress (Blue Line)
- Forest Park
- Oak Park
- Harlem
- Austin
- Cicero
- Pulaski
- Kedzie/Homan
- Medical Ctr.
- UIC/Halsted
- Racine
- Clinton
- LaSalle

Forest Park Branch
- Polk
- 18th
- Halsted
- Ashland

Douglas (Blue Line)
54th/Cermak, Cicero, Kostner, Pulaski, Central Park, Kedzie, California, Western, Hoyne

Cermak Branch (nur Wochentags)

- Harrison
- Cermak/Chinatown
- Sox/35th
- 35th/Archer
- Western
- Pulaski
- Midway
- Ashland/63rd
- Halsted

Midway (Orange Line)
- 47th
- Garfield

Green Line (east)
- 35th/Bronzeville/IIT
- Indiana
- 43rd
- 47th
- 51st
- Garfield

East 63rd Branch — Jackson Park
- King Drive
- Cottage Grove
- East 63rd/Cottage Grove

Ashland Branch — Englewood
- 63rd

Dan Ryan (Red Line)
- 63rd
- 69th
- 79th
- 87th
- 95th / Dan Ryan
- **Dan Ryan**

- Blue Line (O'Hare-Congress/Douglas)
- Brown Line (Ravenswood)
- Green Line (Lake Street-Englewood/Jackson Park)
- Orange Line (Midway)
- Purple Line (Evanston-Howard)
- Purple Line Express (nur wochentags während der Hauptverkehrszeit)
- Red Line (Howard-Dan Ryan)
- Yellow Line (Skokie Swift - nur wochentags)

Chicago Water Taxi

---> Umschlagkarte vorne, c 2, d 2–a 4

Die Chicago Water Taxis schippern auf dem blaugrünen Chicago River von der Anlegestelle an der Michigan Avenue Bridge bis nach Chinatown. Die 25-minütige Bootstour ist ein preiswertes und fotogenes Unterfangen.

Michigan Avenue Bridge; Tel. 3 12/3 37-14 46; www.chicagowatertaxi.com; Blue Line: Clark/Lake; Mo–Fr 7.30–19.30, Sa 9.45–18.30, So 10.30–18.15 Uhr; Fahrpreis 2 $, Tagespass 4 $

Mystic Blue Cruises ---> S. 117, F 6

Legere Dinner-, Sightseeing- und Spezialfahrten, Freizeitkleidung ist angebracht. Auch Fahrten mit Musik, Tanz und Drinks.

Navy Pier; Tel. 8 77/2 99-77 83; www.mysticbluecruises.com; Brunch Cruises (ab 44 $) und Dinner Cruises (ab 85 $), Zeiten auf Anfrage

Odyssey Cruises ---> S. 117, F 6

Eleganz und Komfort in höchstem Maße, dabei speist man hervorragend und mit bestem Blick auf Chicagos Vorzeigeseiten. Entsprechende Kleidung vorausgesetzt.

Navy Pier; Tel. 8 00/9 47-93 67; www.odysseycruises.com; Brunch Cruises (ab 57 $) und Dinner Cruises (ab 96 $), Zeiten auf Anfrage

Shoreline Sightseeing Company

---> Umschlagkarte vorne, e 2

30-minütige Hafenrundfahrt durch den Chicago Harbor vor dem Grant Park. Die Skyline präsentiert sich von ihrer besten Seite.

Navy Pier; Tel. 3 12/2 22-93 28; www.shorelinesightseeing.com; Juni, Juli, Aug. tgl. 10–23 Uhr, sonst stündl. Abfahrten; 14 $, Kinder 6 $

Spirit of Chicago Cruises

---> S. 117, F 6

Luxuriöse Bootsfahrten mit der »Spirit of Chicago« inkl. Musik, Tanz und Verpflegung auf dem meeresähnlichen Michigansee. Unvergleichliche Blicke auf die Skyline der »Windy City«.

Navy Pier; Tel. 3 12/8 36-78 99, 8 66/2 73-24 69; www.spiritofchicago.com; tgl. Brunch Cruises (ab 48 $) und Dinner Cruises (ab 75 $); Zeiten auf Anfrage

Wendella Sightseeing Tours

---> Umschlagkarte vorne, c 2

Die 1,5-stündige »Combined Lake and River Tour« gibt einen guten Überblick über Chicagos Sehenswürdigkeiten. Die Kreuzfahrt geht den Chicago River hinauf bis zum Willis Tower und anschließend zwischen Navy Pier und Adler Planetarium auf den Lake Michigan hinaus.

Wendella Boat Dock am Wrigley Building unterhalb der Michigan Avenue Bridge; Tel. 3 12/3 37-14 46; www.wendellaboats.com; Ende April–Anf. Okt. mehrmals tgl., im Hochsommer 10–20.30 Uhr; 23 $, Kinder 11 $

TICKETS UND TAGESPÄSSE

City Pass

Der neun Tage gültige City Pass ist seinen Preis von 59 $, (Kinder 49 $) wert: Mit ihm spart man etwa 50% der Eintrittspreise in den bekanntesten Museen der Stadt. Der City Pass ist u. a. bei folgenden Institutionen erhältlich und gültig: Adler Planetarium, Art Institute of Chicago, Field Museum, Museum of Science and Industry, Shedd Aquarium.

Informationen unter Tel. 8 88/3 33-50 08; www.citypass.com.

Chicago Transit Authority (CTA)

Standardtickets 2,25 $, Kinder 7–11 1 $, auch Tages- und Mehrtagespässe für unbegrenzte Fahrten, erhältlich in Visitor Centers, Hotels, Museen, am Flughafen o. Ä.; die Blue Line z. B. verbindet Downtown und O'Hare. Für weitere Informationen und Routenplanungen mit der CTA, siehe unter www.transitchicago.com.

567 West Lake St.; Tel. 3 12/8 36-70 00, 8 88/YOUR-CTA; www.transitchicago.com

Chicago – Six Flags Great America & Hurricane Harbor

Hot Tix
Hier bekommt man Tickets mit bis zu 50 % Ermäßigung für Veranstaltungen am gleichen Tag. Vollzahlertickets für bestimmte Vorstellungen, bestimmte Tage oder Sitzplätze gibt es ebenfalls. Hot-Tix-Verkaufsstellen (Mo geschl.) befinden sich u. a. 72 E. Randolph St. und im Water Works Visitor Center, 163 Pearson St. Informationen unter www.hottix.org.

Ziele in der Umgebung

Indiana Dunes National Lakeshore
⟶ Umschlagkarte hinten, b/c 4

Weitläufige, naturbelassene Dünenlandschaften am Südende des wie ein Meer anmutenden Lake Michigan, südöstlich von Chicago. Im Park kann man im See baden, wandern, picknicken und campen. Der beliebteste Strand ist der **West Beach** mit Parkplätzen, Umkleiden und Toiletten. Die mit fast 40 m größte Düne ist **Mt. Baldy**, sie bewegt sich mit 1,20 m pro Jahr landeinwärts. Ein modernes Visitor Center öffnet an der Kreuzung der Highways 49 und 20 (im Sommer tgl. 8.30–18 Uhr) seine Pforten.
1100 N. Mineral Springs Rd., Porter, IN; www.nps.gov/indu; tgl. geöffnet; Eintritt 6 $ für den West Beach
80 km südöstl. von Chicago

Rockford
⟶ Umschlagkarte hinten, b 4

140 000 Einwohner

Die nordwestlich von Chicago gelegene Stadt Rockford besticht vor allem durch ihre 28 qkm Parklandschaften, darunter den **Anderson Japanese Garden**, einen der größten und schönsten japanischen Gärten des Landes (318 Spring Creek Rd., www.andersongardens.org; Di–Sa ab 9, So ab 12 Uhr, bis zum Eintritt der Dunkelheit; Eintritt 7 $, Kinder 5 $). Im bezaubernden Freilichtmuseum **Midway Village** sind 24 historische Bauten aus dem Umland zu sehen (6799 Guilford Rd.; www.midwayvillage.com; Di–So 11–16 Uhr; Eintritt 6 $, Kinder 4 $). Motorradfans lieben Kegel Motorcycles, ein Harley-Geschäft, das seit beinahe 100 Jahren im Familienbetrieb Motorräder verkauft (7125 Harrison Ave.; www.kegelmotorcycles.com; Mo–Fr 9–18, Sa 9–16, So 10–15 Uhr). Ein typisch amerikanischer Diner im Laden serviert von früh bis nachmittags preiswertes Fast Food.
90 km nordwestl. von Chicago

Service
Auskunft
Rockford Area Convention & Visitors Bureau; 102 N. Main St.;
Tel. 8 15/9 63-81 11, 8 00/5 21-08 49;
www.gorockford.com

Six Flags Great America & Hurricane Harbor
⟶ Umschlagkarte hinten, b 4

Populärer Familienvergnügungs- und Wasserpark nördlich von Chicago. Zu den Attraktionen des Six Flags Great America & Hurricane Harbor zählen das neue »Buccaneer Battle« und weitere 130 familientaugliche Fahrgeschäfte (»River Rocker«, »Yankee Clipper« etc.), viele Bühnenshows, Konzerte und Festivals. In den dazugehörigen Wasserpark Hurricane Harbor locken »Tornado« und »Paradise Plunge« und andere rasante Wildwasserabenteuer wie auch gezähmter Wasserspaß à la »Hurricane Mountain«.
Gurnee (gegenüber der Gurnee Mills Outlet Mall, Zufahrt via I-94, Ausfahrt auf SR 132); www.sixflags.com/greatAmerica; Mitte Mai–Ende Aug. tgl. ab 10, im Hochsommer bis 22 Uhr; Eintritt 55 $, Kinder 35 $, Parken 15 $
70 km nördl. von Chicago

Wisconsin

Einsame Strände, vielfältige Landschaften und hübsche Städte laden zur Entdeckung ein.

Insgesamt zehn Leuchttürme stehen auf der Halbinsel Door Peninsula. Einige, wie das Cana Island Lighthouse in Baileys Harbor, können besichtigt werden.

Door Peninsula

Wenn man von Chicago in Richtung Norden fährt, erreicht man den Bundesstaat Wisconsin, benannt nach dem gleichnamigen Fluss. Die beiden größten Städte sind **Milwaukee** und die Hauptstadt **Madison**. Milwaukee bezaubert durch seine wunderbare Mischung aus Alt und Neu, seine Sommerfestivals und seine Museen, das Milwaukee Art Museum und das Harley-Davidson Museum. Von Milwaukee führt ein schöner Ausflug in die charmante Kleinstadt Cedarburg am Ufer des Cedar Creek. Wisconsins freundliche, grüne Hauptstadt Madison lädt mit ihrer traumhaften Lage zwischen zwei Seen mit ihrer lässigen Gastlichkeit als **Universitätsstadt** zum Verweilen ein. Ein weiteres beliebtes Reiseziel in Wisconsin ist die lang gestreckte **Door Peninsula** im Lake Michigan, nur knapp vier Stunden nördlich von Milwaukee. Dort kann man zahlreiche Wassersportarten ausüben oder ab dem Potawatomi State Park bei Sturgeon Bay ein Stück auf dem Ice Age National Scenic Trail wandern.

Door Peninsula
⇢ Umschlagkarte hinten, b 3

Wie ein ausgestreckter Daumen ragt die 140 km lange Door Peninsula im nordöstlichsten Zipfel Wisconsins in den Lake Michigan hinein. Bedeutendster Ort der Halbinsel ist das knapp 9000 Einwohner zählende **Sturgeon Bay**. Felsige Buchten und Klippen säumen die gewundenen Uferlinien, dazwischen liegen Badestrände und Naturparks, Fischerdörfer und Leuchttürme. Eine Fähre pendelt hinüber zu der Insel **Washington Island** (Tel. 8 00/2 23-20 94; www.wisferry.com). Auf der Door Peninsula sollte man sich einen der berühmten Fish Boils nicht entgehen lassen: Dabei wird der Weißfisch in großen Kesseln über einem Feuer gekocht und mit Kartoffeln und Salat serviert.

HOTELS UND ANDERE UNTERKÜNFTE
Blacksmith Inn On The Shore
Sehr schönes Country Inn mit nostalgischem Dekor. Alle Zimmer mit Seeblick.
8152 Hwy. 57 in Bailey's Harbor; Tel. 9 20/8 39-92 22, 8 00/7 69-86 19; www.theblacksmithinn.com; 15 Zimmer
●●●● ♿

SEHENSWERTES
Door Peninsula Winery
Kehren Sie zu einer kleinen Probe der leckeren Apfel-, Kirsch- und anderen Obstweine ein. Wer lieber »normale« Rot- und Weißweine trinkt, wird ebenfalls fündig.
5806 Hwy. 42 nördl. von Sturgeon Bay; www.dcwine.com; tgl. 9–17 Uhr

Eagle Bluff Lighthouse
Im Jahr 1868 erbauter Leuchtturm im Peninsula State Park zwischen den

---

MERIAN-Tipp

4 Square Rigger Galley Restaurant

Eine kulinarische Spezialität der Region Door Peninsula ist der **Door County Fish Boil**. Im Square Rigger Galley Restaurant wird dafür ein Holzfeuer unter einem großen Eisenkessel angeheizt, in dem der delikate Weißfisch gegart wird. Die Gäste schauen zu und trinken gemütlich etwas auf der Terrasse. Sobald der Kessel schäumend überkocht und die Flammen hochschlagen, ist der Fisch, der ganz frisch aus dem Lake Michigan kam, fertig und wird den Gästen mit Kartoffeln und Salat serviert. Zum Nachtisch gibt es Kirschkuchen – ein perfektes Menü.

Door Peninsula; 6332 Hwy. 57; Jacksonport; Tel. 9 20/8 23-24 08, 866/439-4578; www.squareriggergalley.com; um 19 Uhr, Einlass ab 18.30 Uhr ●●●
⇢ Umschlagkarte hinten, b 3

malerischen Örtchen Ephraim und Fish Creek.
Mitte Juni–Anf. Sept. tgl. 10–16 Uhr; Eintritt 4 $, Kinder 1 $; State Park Eintritt 10 $ pro Auto

MUSEEN
Door County Maritime Museum
Wissenswertes über die Seefahrt im Allgemeinen und der Door Peninsula im Besonderen.
120 N. Madison Ave.; www.dcmm.org; tgl. 10–17 Uhr; Eintritt 7,50 $, Kinder 4 $

ESSEN UND TRINKEN
Viking Grill & Lounge
Viking Grill gilt als der originale Schauplatz des Door County Fish Boil, ist oft entsprechend gut besucht und recht laut. Viele Gäste schätzen die legere, picknickähnliche Atmosphäre.
12029 Hwy. 42 in Ellison Bay; Tel. 9 20/8 54-29 98; www.thevikinggrill.com; tgl. ab 16.30 Uhr ●●●

SERVICE
Auskunft
Door County Chamber of Commerce, 1015 Green Bay Rd. (Hwy 42/57); Sturgeon Bay, WI 54235; Tel. 9 20/7 43-44 56, 8 00/52-RELAX; www.doorcountyvacations.com

La Crosse
┈┈➤ Umschlagkarte hinten, a 3

51 000 Einwohner

Die kleine Stadt am Mississippi River nennt sich selbst bescheiden »Wisconsins zweitwichtigste Bierstadt«. Ein beliebtes Fotomotiv ist das weltgrößte »Sixpack«, wie die stählernen Tanks der City Brewing Company scherzhaft bezeichnet werden. Auf dem Mississippi River vor der Stadt verkehrt der prächtige **Schaufelraddampfer »Julia Belle Swain«** ♞♞ (227 Main St.; Tel. 6 08/7 84-48 82, 8 00/8 15-10 05; www.juliabelle.com; z. B. Dinnerkeuzfahrt ab 45 $), auch die »La Crosse Queen« (Riverside Park; Tel. 6 08/7 84-28 93; www.greatriver.com/laxqueen/paddle.htm; z. B. Dinnerkreuzfahrten ab 31 $) legt hier Zwischenstopps ein.

SERVICE
Auskunft
La Crosse Area Convention and Visitors Bureau; 401 E. Veterans Memorial Dr.; La Crosse, WI 54601;
Tel. 6 08/7 82-23 66, 8 00/6 58-94 24; www.explorelacrosse.com

Madison
┈┈➤ Umschlagkarte hinten, b 4

229 000 Einwohner

Wisconsins lebhafte und liberale Hauptstadt zählt zu den hübschesten Städten der USA. Sie ist adretter Regierungssitz und emsige **Universitätsstadt** mit rund 40 000 Studenten und bezaubert durch ihre Lage auf dem Isthmus zwischen dem Lake Mendota im Norden und dem Lake Monona im Süden.

Vom Kapitol führt die baumbestandene **State Street** als Einkaufsstraße und Fußgängerzone in Richtung Westen. Hier reihen sich Museen, Straßencafés und Restaurants, Buchhandlungen und andere kleine Geschäfte aneinander. In südwestlicher Richtung gelangt man zur Monona Terrace, der Aussichtsterrasse oberhalb des gleichnamigen Sees. Sehenswert sind zudem das **universitätseigene Kunstmuseum** und die weiter nördlich gelegene **Seeterrasse Memorial Union** an der Langdon Street am Lake Mendota.

HOTELS UND ANDERE UNTERKÜNFTE
Best Western Inn On The Park ♞♞
Exzellentes, modernes und sehr komfortables Hotel in bester Lage am Kapitol. Guter Ausgangspunkt für Erkundungen in Madison.
22 S. Carroll St.; Tel. 6 08/2 57-80 00, 8 00/2 79-88 11; www.innonthepark.net; 213 Zimmer ●●●● ♿

Sehenswertes

Olbrich Botanical Gardens
Bezaubernder botanischer Garten mit goldglänzendem thailändischem Pavillon und dem Bolz Conservatory, einem tropischen Gewächshaus.
3330 Atwood Ave.; www.olbrich.org; Außenanlagen April–Sept. tgl. 8–20, sonst 9–16 Uhr; Bolz Conservatory Mo–Sa 10–16, So 10–17 Uhr; Eintritt frei, Bolz Conservatory 1 $

Wisconsin State Capitol
Repräsentatives, kuppelbesetztes Regierungsgebäude des Staates Wisconsin aus dem Jahr 1917. Von der Aussichtsterrasse hat man einen schönen Blick auf das Stadtgebiet.
2 E.Main St.; www.wisconsin.gov; Besichtigung: Mo–Fr 8–18, Sa/So 8–16 Uhr, Gratis-Führungen Mo–Sa 9, 10, 11, 13, 14 und 15 Uhr, So 13, 14 und 15 Uhr

Museen

Chazen Museum of Art
Im Kunstmuseum der Universität findet man eine kleine, aber feine Auswahl an Gemälden, Skulpturen, Fotografien, Drucken und dekorativen Künsten von der Antike bis zum 20. Jh.
800 University Ave.; www.chazen.wisc.edu; Di–Fr 9–17, Sa/So 11–17 Uhr; Eintritt frei

MERIAN-Tipp

5 Memorial Union Terrace in Madison

Essen Sie ein saftiges Schnitzel oder eine krosse Bratwurst im »The Rathskeller« (800 Landon Str.; im Memorial-Universitätsgebäude vor der Terrasse), und genießen Sie später in aller Ruhe den herrlichen Sonnenuntergang auf der großen Terrasse vor den Weiten des Lake Mendota. Dies ist ein populärer Treffpunkt mit lebhafter Atmosphäre und bunt gemischter Gesellschaft, die zu einem großen Teil aus Studenten und Touristen besteht. Oft sorgt flotte Livemusik bis in den späten Abend für Unterhaltung, außerdem gibt es einen Bootsverleih, für den kleinen Hunger finden Sie einen Bratwurststand und Eisverkauf auf der Terrasse.

www.union.wisc.edu/terrace
⤳ Umschlagkarte hinten, b 4

Essen und Trinken

Blue Marlin
Trendiges kleines Seafood-Restaurant in Blickweite des Kapitols.
101 N. Hamilton St.; Tel. 6 08/2 55-22 55; www.thebluemarlin.net ●●●

Die baumbewachsene State Street ist die Einkaufs- und Flanierstraße in Madison (→ S. 56), der quirligen Hauptstadt von Wisconsin.

Wisconsin

SERVICE
Auskunft
Greater Madison Convention & Visitors Bureau; 625 E. Washington Ave.; Madison, WI 53703; Tel. 6 08/2 55-25 37, 8 00/3 73-63 76; www.visitmadison.com

Milwaukee
⋯⋯> Umschlagkarte hinten, b 4

602 200 Einwohner
(ca. 2 Mio. im Großraum)

Wisconsins Metropole an der Mündung des Milwaukee River in den Lake Michigan ist eine moderne und sehenswerte **Hafen- und Industriestadt**. Trotz aller Geschäftigkeit verspürt man in dem überschaubaren Stadtzentrum mit seinem **Altstadtviertel** und dem abwechslungsreichen **River Walk** bis heute noch etwas von der Beschaulichkeit alter Tage. Moderne Attraktionen wie das Harley-Davidson Museum, die Discovery World und das Public Museum und Einkaufstempel wie die Grand Avenue Mall locken in die Stadt. Als besonderes architektonisches Highlight präsentiert sich das Milwaukee Art Museum mit seiner von Santiago Calatrava gestalteten Flügelkonstruktion.

Dem Thema »Bier« begegnet man in Milwaukee auf Schritt und Tritt, in emsigen Brauhäusern und herrschaftlichen Villen, die sich gut betuchte Brauereibesitzer bauen ließen. Dazu zählten Jacob Best, der 1844 die heutige Pabst Brewery gründete, und der Braumeister Frederic Miller, der 1855 den Grundstein zur modernen Miller Brewing Company legte.

HOTELS/ANDERE UNTERKÜNFTE
Pfister Hotel
Seit 1893 Milwaukees erstes Hotel am Platz. Tradition, Eleganz und moderner Komfort vereinigen sich in diesem viktorianischen Prunkstück. Drei Restaurants. Im 23. Stock mit Panoramablick die Wein- und Martinibar »Blu«.
424 E. Wisconsin Ave.;
Tel. 41 14/2 73-82 22, 8 00/5 58-82 22; www.thepfisterhotel.com; 307 Zimmer
●●●● ♿

SEHENSWERTES
Captain Frederick Pabst Mansion
Im Jahr 1892 ließ sich der Bierbrauer Frederick Pabst diese Villa mit 37 Zimmern im flämischen Renaissancestil erbauen. Prachtvolle Holzschnitzereien und Eisenschmiedearbeiten, außerdem schöne Buntglasfenster.

Spektakuläres Werk des Architekten Santiago Calatrava: Seit seiner Fertigstellung 2001 zieht der Erweiterungsbau des Milwaukee Art Museum Hunderttausende Besucher an.

Madison – Milwaukee

2000 W. Wisconsin Ave.; www.pabst mansion.com; Mo–Sa 10–16, So 12–16 Uhr, Führungen jeweils zur vollen Stunde; Eintritt 8 $

Harley-Davidson Powertrain Plant
Im Vorort Wauwatosa werden Teile der legendären Harley-Davidson-Motorräder hergestellt. Einstündige Führung, inkl. Filmvortrag und Besichtigung der Fabrikanlagen.
11700 W.Capitol Dr.; www.harley-davidson.com; Führungen 9.30–13 Uhr; Eintritt frei

Miller Coors Brewing Company Visitor Center
Einstündige Führung durch die größte Brauerei Wisconsins. Videopräsentation über die Firma und den Brauprozess. Zum Abschluss Proben der verschiedenen Biersorten des Hauses.
4251 W. State St.; www.miller brewing.com; Führungen Mo–Sa 10–15.30 Uhr; Eintritt frei

MUSEEN

Discovery World 👪
Eines der besten interaktiven Wissenschaftsmuseen in den USA: Ausstellungen, Filme und Livepräsentationen über neue Technologien in Forschung, Umwelt und Freizeit etc. Mit Aquarien, Amphitheater, Café und dem Segelschulschiff S/V »Denis Sullivan«.
500 N. Harbor Dr., zwischen Art Museum und Summerfest Grounds; www.discoveryworld.org; Di–Fr 9–16, Sa/So 10–17 Uhr; Eintritt 17 $, Kinder 13 $

Harley-Davidson Museum
Ein eigenes Museum für eine legendäre Marke: Alle Aspekte der amerikanischen Kult-Motorräder werden in diesem riesigen, neuen und technisch innovativen Museum beleuchtet. Mit Museumsshop und Restaurant.
400 Canal St. westl. der I-94; www.h-dmuseum.com; tgl. 9–18, Mi bis 20 Uhr; Eintritt 16 $, Kinder 10 $

Milwaukee Art Museum
Renommiertes Kunstmuseum mit rund 20 000 Kunstwerken von der Antike bis zur Gegenwart, darunter auch Meisterwerke der amerikanischen und europäischen Kunst des 19. und 20. Jh. Auch die innovative Architektur des Gebäudes überzeugt: Die kühne, 110 Tonnen schwere Stahlflügelkonstruktion »Burke Brise Soleil« über dem Museum öffnet und schließt sich zu den Museumsöffnungszeiten sowie um 12 Uhr mittags. Direkt am Seeufer der Innenstadt, neben der Discovery World.
700 N. Art Museum Dr.; www.mam.org; Di–So 10–17, Do bis 20 Uhr; Eintritt 12 $, Kinder 10 $

Milwaukee Public Museum 👪
Großartiges Museum zur Natur- und Menschheitsgeschichte und Geologie der Erde. Auch für Kinder interessant. Zum Museum gehören das Humphrey IMAX Dome Theater und das Daniel M. Soref Planetarium.
800 W. Wells St.; www.mpm.edu; Museum: Mo–Sa 9–17, So 10–18 Uhr; Eintritt 11 $, Kinder 8–10 $; IMAX: tgl. 9.30–20 Uhr, Showzeiten erfragen, Eintritt 8 $, Kinder 6–7 $; Kombitickets: 16 $, Kinder 13–15 $

ESSEN UND TRINKEN

Alterra at the Lake
Sandwiches, Burger, Suppen, Salate, Kuchen und diverse Kaffeesorten werden in dieser historischen Pumpstation am Milwaukee River serviert. Nur einen Katzensprung von den Parks am Lake Michigan entfernt.
1701 N. Lincoln Memorial Dr.; Tel. 4 14/2 23-45 51; www.alterracoffee.com; Frühstück, Lunch und Dinner

Rip Tide Seafood Bar & Grill
In trendigem Ambiente und mit Blick auf die Frachtschiffe im Inner Harbor genießt man hier frischen Hummer und Königskrabben.
649 E. Erie St.; Tel. 4 14/2 71-84 33; www.getriptide.com; Lunch und Dinner ●●●

Am Abend

Historic Third Ward
Drei Blöcke südlich von Downtown beginnt das historische Viertel mit seinen Boutiquen und Kunstgalerien, den feinen Restaurants, den Kneipen und Theatern. Am nördlichen Rand befinden sich die historischen Hallen des Milwaukee Public Market, den Westrand bildet der Fluss mit dem attraktiven River Walk.
www.historicthirdward.org

Potawatomi Bingo Casino
Großes Spielkasino mit Bingo, Blackjack, Roulette und anderen Vergnügungen. Dazu Restaurants und Live-Entertainment.
1721 W. Canal St.; Tel. 4 14/8 47, 8 00/7 29-72 44; www.paysbig.com; tgl. 24 Std.

Safe House
Restaurant und Kneipe mit Spaßfaktor im Stil der legendären Flüsterkneipen zu Zeiten Al Capones. Lunch, Dinner und Drinks aller Arten.
779 N. Front St.; Tel. 4 14/2 71-20 07; www.safe-house.com

Das Städtchen Cedarburg am Ufer des Michigansees in Wisconsin ist für seinen historischen Ortskern bekannt.

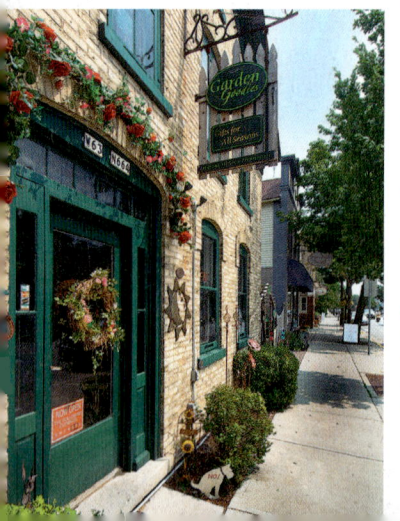

Festivals
→ MERIAN-Tipp, S. 19

Service
Auskunft
Visit Milwaukee; 400 W. Wisconsin Ave.; Milwaukee, WI 53203;
Tel. 4 14/2 73-72 22, 8 00-5 54-14 48; www.visitmilwaukee.org

Öffentliche Verkehrsmittel
Amtrak-Bahnhof; 433 W. St. Paul Ave.

Greyhound Bus Terminal;
433 W. St. Paul Ave.

Lake Express High Speed Ferry
Schnellfähre zwischen Milwaukee und Muskegon, Michigan. Dauer der Überfahrt: 2,5 Std.
2330 S. Lincoln Memorial Dr.;
Tel. 4 14/7 27-77 91, 8 66/9 14-10 10; www.lake-express.com

Ziel in der Umgebung
Cedarburg
⤳ Umschlagkarte hinten, b 3

11 100 Einwohner

Einen charmanten Eindruck vermittelt das 1845 von deutschen und irischen Einwanderern gegründete Städtchen Cedarburg 30 km nordwestlich von Milwaukee. Am nördlichen Ende der Hauptstraße gibt es im Cedar Creek Settlement (N70 W6340 Bridge Rd.; www.cedarcreek-settlement.com), einer restaurierten Textilfabrik von 1864, 30 Spezialitäten- und Antiquitätenläden.
Ausfahrt 89 der I-43, westl. auf die Pioneer Rd., nach 5 km nördl. auf Hwy 57
30 km nordwestl. von Milwaukee

Service
Auskunft
Cedarburg Visitor Center; W. 61 N. 480 Washington Ave.; Cedarburg, WI 53012;
Tel. 2 62/3 77-58 56, 8 00/2 37-28 74;
www.cedarburg.org

AMERIKAS SONNENSEITE.

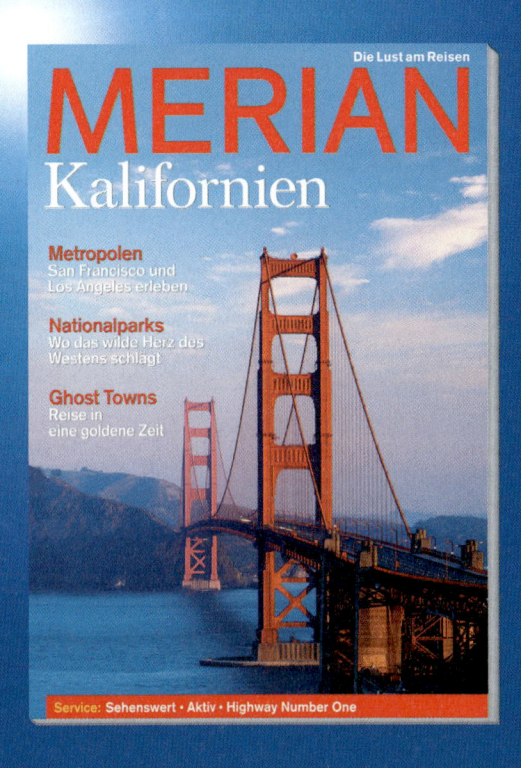

Die Lust am Reisen

MERIAN
Kalifornien

Metropolen
San Francisco und
Los Angeles erleben

Nationalparks
Wo das wilde Herz des
Westens schlägt

Ghost Towns
Reise in
eine goldene Zeit

Service: Sehenswert · Aktiv · Highway Number One

Endlose Strände und legendäre Highways, glitzernde Traumfabrik und grandiose Natur, Hipness und Hippies – erleben Sie den amerikanischen Traum! MERIAN bietet Reportagen von exzellenten Fotografen und den besten Autoren der Welt – mit aktuellen Informationen, nützlichen Tipps und umfangreichem Kartenmaterial. Für anspruchsvolle Reisende, die das Erlebnis für alle Sinne suchen. **IM GUTEN BUCH- UND ZEITSCHRIFTENHANDEL ODER UNTER TELEFON 0 40/87 97 35 40 UND WWW.MERIAN.DE**

MERIAN
Die Lust am Reisen

Lake Superior und Mississippi River

Kontrastprogramm pur: grüne Wildnis am Lake Superior und die Twin Cities Minneapolis/St. Paul.

Typisch für St. Pauls europäischen Baustil ist die Cathedral of St. Paul (→ S. 65) – ein deutlicher Kontrast zur modernen Wolkenkratzerarchitektur der »Zwillingsstadt« Minneapolis.

Das Herz der Region, die von Michigan über Wisconsin bis Minnesota reicht und vom Lake Superior dominiert wird, bildet die **Zwillingsstadt Minneapolis/St. Paul**. Wie ein Arm streckt sich zwischen Minneapolis und La Crosse das Tal des noch jungen **Mississippi River** aus. Kleinstädte wie Red Wing, Wabasha und Winona verlocken zum Anhalten. An den Ufern des Lake Superior erstrecken sich **naturbelassene Landschaften** wie die Apostle Islands National Lakeshore im äußersten Westen des Sees und die Pictured Rocks National Lakeshore auf Michigans oberer Halbinsel. Westlich des Sees schließt sich die unter Paddlern beliebte Boundary Waters Canoe Area Wilderness an.

Apostle Islands National Lakeshore
⇢ Umschlagkarte hinten, a 2

Ein Paradies für Seekajaker und Wracktaucher, Wanderer, Fotografen und Naturliebhaber: Die Apostle Islands National Lakeshore mit ihren **21 kleinen Inseln**, der bewaldeten Sandsteinküste, den Steinstränden und dem eiskaltem Wasser. **Bayfield** ist Ausgangspunkt für Fahrten zu den Inseln, u. a. mit Apostle Islands Cruise Service (Tel. 8 00/3 23-76 19; www.apostleisland.com; Tickets Grand Tour 40 bzw. 24 $).

Service
Auskunft
Apostle Islands National Lakeshore; 415 Washington Ave.; Bayfield, WI 54814; Tel. (7 15)7 79-33 97; www.nps.gov/apis

Ely ⇢ Umschlagkarte hinten, a 1
2000 Einwohner

Die rund 385 km nordöstlich von Minneapolis gelegene Kleinstadt Ely ist idealer Ausgangspunkt für Touren in die wald- und wasserreiche Boundary Waters Canoe Area Wilderness (→ Routen und Touren, S. 96). Das **International Wolf Center** östlich von Ely lenkt die Aufmerksamkeit auf die wilden Wölfe Minnesotas und anderer Regionen der Welt (1396 Hwy 169; www.wolf.org; Mitte Juni–Mitte Aug. tgl. 10–19 Uhr, sonst bis 17 Uhr; Eintritt 8,50 $, Kinder 4,50 $). 2007 eröffnete unweit des Wolfszentrums das **North American Bear Center** (1926 Hwy. 169; www.bear.org; Anf. Mai–Mitte Sept. tgl. 9–19 Uhr; Eintritt 8,50 $, Kinder 4,50 $).

Service
Auskunft
Ely Chamber of Commerce; 1600 E. Sheridan St.; Ely, MN 55731; Tel. 2 18/3 65-61 23, 8 00/7 77-72 81; www.ely.org

---

MERIAN-Tipp
Big Bay Point Lighthouse (6)

Das romantische Big Bay Point Lighthouse rund 40 km nördlich von Marquette ragt am einsamen Steilufer des Lake Superior empor. Den Übernachtungsgast erwarten wohltuende Gastlichkeit und die nostalgische Atmosphäre eines historischen Leuchtturms, der jahrzehntelang Schiffen den Weg wies. Ein herrliches gemeinsames Frühstück mit den Gastgebern und anderen Gästen in der Küche krönt den Aufenthalt, nachdem man die Nacht in einem der gemütlichen Zimmer verbracht hat. Danach besteigt man den 36,50 m hohen, roten Leuchtturm, um den Ausblick auf den weiten Lake Superior zu genießen und sich (fast) wie ein Leuchtturmwärter zu fühlen.

3 Lighthouse Rd.; Tel. 9 06/3 45-99 57; www.bigbaylighthouse.com; 7 Zimmer
●●● ⇢ Umschlagkarte hinten, c 2

Marquette
⸻▷ Umschlagkarte hinten, b 2

20 100 Einwohner

Marquette präsentiert sich als adrette Kleinstadt mit **Backsteinfassaden** aus dem 19. Jh. sowie einem roten Leuchtturm am Hafen. Die alte Verbundenheit der Stadt mit der Schifffahrt bekundet das **Marquette Maritime Museum** (300 Lake Shore Blvd.; www.mqtmaritimemuseum.com; Ende Mai–Mitte Okt.; tgl. 10–17 Uhr; Eintritt 7 \$, Kinder 5 \$). Ein unvergessliches Erlebnis ist die Übernachtung im historischen Leuchtturm am Big Bay Point (→ MERIAN-Tipp S. 63).

Service
Auskunft
Marquette Country Convention & Visitors Bureau; 337 W. Washington St.; Marquette, MI 49855; Tel. 9 06/2 26-75 16, 8 00/5 44-43 21; www.marquettecountry.org

Minneapolis/St. Paul
⸻▷ Umschlagkarte hinten, a 3

377 400/277 300 Einwohner
Stadtplan Minneapolis → S. 65

Wirtschaftlich und kulturell eng miteinander verflochten sind die sogenannten **Twin Cities** Minneapolis und St. Paul, die unbestrittenen Metropolen an den nördlichen Großen Seen. Mit rund 2,85 Mio. Einwohnern umfasst der großstädtische Einzugsbereich der beiden Zwillingsstädte mehr als die Hälfte der Bevölkerung Minnesotas. Die zwei Städte warten mit beeindruckender kultureller Vielfalt in erstklassigen Museen und Theatern auf.

Minneapolis am Südwestufer des Mississippi ist die Stadt mit den drei höchsten Wolkenkratzern zwischen Chicago und dem Pazifik. Dagegen ist die am nordöstlichen Mississippiufer gelegene Staatshauptstadt St. Paul für ihre Backsteinbauten und Villen bekannt. Sehenswert sind u. a. das State Capitol und die Cathedral of St. Paul. 1992 eröffnete bei Minneapolis das Einkaufsparadies Mall of America.

Hotels/andere Unterkünfte
Chambers Hotel ⸻▷ S. 65, d 3
Von Designern gestaltetes Trendhotel im Herzen der Stadt. Moderne Kunst in allen Räumen.
901 Hennepin Ave.; Tel. 6 12/7 67-69 00, 8 77/7 67-69 90; www.chambersminneapolis.com; 60 Zimmer ●●●● ♿

The Saint Paul Hotel
⸻▷ S. 65, östl. c 3
1910 erbautes, luxuriöses Hotel in Downtown Saint Paul. Nobles Bistrorestaurant »The Saint Paul Grill«.
350 Market St.; Tel. 6 51/2 92-92 92, 8 00/2 92-92 92, Fax 2 28-95 06; 254 Zimmer ●●●● ♿

MERIAN-Tipp
Science Museum of Minnesota 👪

Ein absoluter Hit (nicht nur) für Familien ist St. Pauls hochinteressantes, interaktives Wissenschaftsmuseum am Mississippi River. Dazu gehört ein modernes Omnimax Theater und 3-D-Kino, das spannende naturwissenschaftliche Filme auf der Großleinwand vorführt. Viele bekannte und weniger bekannte Naturphänomene werden plausibel erklärt, sehr gut plastisch dargestellt und sind für große und kleine Besucher selbst im Experiment nachvollziehbar. Wechselnde Sonderausstellungen erhöhen den Reiz der sehenswerten permanenten Darbietungen. Anschaulicher können die Naturwissenschaften nicht präsentiert werden!

120 W. Kellogg Blvd.; www.smm.org; So–Mi 9.30–17, Do–Sa 9.30–21 Uhr; Eintritt 11 \$, mit Omnimax 16 \$, Kinder 8,50/13 \$ ⸻▷ S. 65, östl. c 3

Sehenswertes

Cathedral of St. Paul
···⟶ S. 65, östl. c 3

St. Pauls mächtiger Dom in der Nachbarschaft des Minnesota State Capitol steht allen Besuchern und Gläubigen offen. 1915 wurde der erste Gottesdienst in der im pompösen Beaux-Arts-Stil erbauten Kathedrale gefeiert.
239 Selby Ave.; www.cathedralsaintpaul.org; So–Fr 7–19, Sa 7–21 Uhr; Eintritt frei

Minnesota State Capitol
···⟶ S. 65, östl. c 3

Minnesotas Regierungsgebäude ist ein 1905 im Beaux-Arts-Stil erbautes Monumentalgebäude.
75 Rev. Dr. Martin Luther King Jr. Blvd.; St. Paul; www.mnhs.org/places/sites/msc; Führungen Mo–Fr 9–17, Sa 10–16, So 13–16 Uhr; Eintritt frei

Museen

Mill City Museum
···⟶ S. 65, c 2

Sehenswertes Museum in den restaurierten Hallen einer ehemaligen Mehlfabrik am Mississippi River, die über ein halbes Jahrhundert den wirtschaftlichen Aufstieg der Stadt mitbestimmte.
704 S. 2nd St.; www.millcitymuseum.org; Di–Sa 10–17, So 12–17 Uhr; Eintritt 10 $, Kinder 5 $

Minneapolis Institute of Arts
···⟶ S. 65, östl. c 3

Das Kunstmuseum präsentiert umfangreiche Kollektionen aus 4000 Jahren mit europäischen Gemälden, griechischen und römischen Skulpturen etc.
2400 3rd Ave. S.; www.artsmia.org; Di, Mi, Fr und Sa 10–17, Do 10–21, So 11–17 Uhr; Eintritt frei

Das 1879 gegründete Walker Art Center in Minneapolis wurde 1999 bis 2005 renoviert und durch einen modernen Neubau erweitert.

Walker Art Center ···> S. 65, a 3
Beeindruckende Sammlungen amerikanischer und europäischer Kunst des 20. Jh. sind hier zu sehen. Im weitläufigen Skulpturengarten stehen über 40 Werke von modernen Künstlern, darunter die imposante Brunnenskulptur »Spoonbridge and Cherry«.
1750 Hennepin Ave.; Minneapolis; www.walkerart.org; Di 11–17, Do bis 21 Uhr (Sculpture Garden 6–24 Uhr; Eintritt frei); Eintritt 10 $, Kinder 6 $

Essen und Trinken
Downtowner Woodfire Grill
···> S. 65, östl. c 3
Gemütliches Steak- und Grillrestaurant im Zentrum St. Pauls.
253 W. 7th St.; Tel. 6 51/2 28-95 00; www.downtownerwoodfire.com ●●●

Bubba Gump Shrimp Company
···> Umschlagkarte hinten, c 2
Familienfreundliches Restaurant in der Mall of America.
396 S. Ave.; Tel. 9 52/8 53-66 00; Bloomington; www.bubbagump.com ●●

Einkaufen
Mall of America (MoA)
···> Umschlagkarte hinten, c 2
Die MoA ist das größte kombinierte Einkaufs- und Vergnügungszentrum der USA. Vier große Kaufhäuser bilden die Eckpfeiler für über 500 Geschäfte, Boutiquen, Restaurants, Bars und Kinos. Ins Zentrum lockt Nickelodeon Universe, der größte überdachte Vergnügungspark der USA. In den Underwater Adventures sind Haie, Rochen und exotische Fische zu sehen (www.underwaterworld.com; Eintritt 19 $, Kinder 12 $).
60 E. Broadway; an der I-494 in Bloomington; www.mallofamerica.com; Mo-Sa 10–21.30, So 10–19 Uhr, Restaurants, Kinos, Attraktionen und Nightclubs auch länger

Am Abend
First Avenue & 7th St. Entry
···> S. 65, b 2
Livemusik-Treff in Downtown, hier startete Popstar Prince mit »Purple Rain« seine Weltkarriere. Hinter den Backsteinfassaden des ehemaligen

Warehouse District zwischen 1st und 3rd Ave. befinden sich Nachtclubs, Musikbars, Restaurants und Kunstgalerien.
701 N. 1st. Ave., Minneapolis;
www.first-avenue.com

Service
Auskunft
Meet Minneapolis; 250 Marquette Ave. S.; Minneapolis, MN 55401; Tel. 6 12/7 67-80 00, 8 88/6 76-67 57; www.meetminneapolis.org

Saint Paul Convention & Visitors Bureau; 175 W. Kellogg Blvd., Suite 502; Saint Paul, MN 55102; Tel. 6 51/2 65-49 00, 8 00/6 27-61 01; www.visitsaintpaul.com

Bloomington Convention & Visitors Bureau; 7900 International Dr.; Bloomington, MN 55425; Tel. 9 52/8 58-85 00, 8 00/5 21-60 55; www.bloomingtonmn.org

Öffentliche Verkehrsmittel
Flughafen
Minneapolis/St. Paul International Airport; www.mspairport.com

Amtrak-Bahnhof
730 Transfer Rd., St. Paul

Greyhound Bus Terminal
Minneapolis: 950 Hawthorne Ave
⇢ S. 65, a 3
St. Paul: 166 W. University Ave.

Bootstouren
Mississippi River Cruises
⇢ S. 65, b 1
Anderthalbstündige Schaufelraddampferfahrt mit der »Minneapolis Queen« auf dem Mississippi River, vorbei an Downtown und durch die St. Anthony-Schleuse.
Ab Boom Island Park;
Tel. 9 52/4 74-80 58, 8 88/5 59-80 58; www.twincitiescruises.com; Mitte Mai–Mitte Okt. in Betrieb, Juni–Aug. Di–So 12 und 14, Mo nur 14 Uhr, sonst nur Sa/So; Fahrpreis 17 $, Kinder 8,50 $

Ziele in der Umgebung

The Dalles of the St. Croix
⇢ Umschlagkarte hinten, a 2/3

Zwischen Taylors Falls, Minnesota, und St. Croix Falls, Wisconsin, zwängt sich der St. Croix River durch die bis zu **60 m hohen Klippen** der »Dalles of the St.Croix«. Die **Schaufelraddampfer** der Taylors Falls Scenic Boat Tours starten an der Brücke am US Hwy 8 in Taylors Falls (Tel. 8 00/4 47-49 58; www.taylorsfallsboat.com Ende Mai–Anfang Sept. mehrmals tgl.; Fahrpreis 11 bzw. 15 $, Kinder 7 bzw. 8,50 $). Vom Minnesota Interstate Park in Taylor Falls unterhalb der Dalles beginnt ein wunderschöner Kanutrip den St. Croix River hinab bis Osceola Landing (ca. 3 Std.; tgl. Mai–Mitte Okt.).
100 km nordöstl. von Minneapolis

MERIAN-Tipp

8 Segway Tours

Stadtrundfahrt einmal anders und ganz modern: mit dem Segway-Roller, einem stockähnlichen Gefährt auf zwei Rädern, das durch geschickte Verlagerung des Körpergewichts gesteuert wird. Bevor es losgeht, bekommt man einen Helm und mündliche Instruktionen, ergänzt durch eine praktische Übungseinheit. Dann beginnt die geführte Tour von etwa 8 bis 11 km Länge. In einer Reihe und mit viel Spaß rollen die Teilnehmer über die Stone Arch Bridge zum anderen Ufer. Unterwegs gibt es immer wieder kurze Stopps und Fotomöglichkeiten. Für Erholung sorgt eine Kaffeepause im Mill City Museum.

125 Main St. SE; Tel. 9 52/88-92 00, 8 00/7 49-55 84; www.humanonastick.com; Anf. April–Mitte Nov., mehrmals tgl.; Magical History Tour 70 $
⇢ S. 65, c 2

Pictured Rocks National Lakeshore
---> Umschlagkarte hinten, b/c 2

Herrlicher Küstenpark, der sich über eine Länge von 64 km am Michiganufer des Lake Superior erstreckt. Die bis zu dreistündigen **Pictured Rocks Cruises** (Tel. 8 00/6 50-23 79; www.picturedrocks.com; Ende Mai–Anf. Okt. tgl. 10 und 14 Uhr; Fahrpreis 33 $, Kinder 10 $) entlang der Uferlinie bieten atemberaubende Ausblicke auf die ausgewaschenen Sandsteinfelsen und nördlichen Wälder der Region.

603 km nordöstl. von Minneapolis

Service
Auskunft
Pictured Rocks National Lakeshore; N8391 Sand Point Rd., Munising, MI 49862; Tel. 9 06/3 87-37 00; www.nps.gov/piro; Eintritt frei

---

MERIAN-Tipp
National Eagle Center in Wabasha

Das moderne Adlerschutzzentrum am breiten, fischreichen Mississippi River bietet verletzten und kranken Weißkopfseeadlern ein Zuhause, entweder auf Dauer oder bis sie wieder in die Freiheit entlassen werden. Interessierten Besuchern eröffnet sich hier die einzigartige Möglichkeit, die prächtigen Tiere, das nationale Symbol der USA, aus direkter Nähe und in ihrem natürlichen Umfeld zu sehen. Spezielle Vorführungen und Fütterungen per Hand im Schutzzentrum vertiefen das Erlebnis. Halten Sie auf der Aussichtsterrasse und in der Umgebung die Augen auf, um Weißkopfseeadler zu entdecken!

50 Pembroke Ave.; www.national eaglecenter.org; tgl. 10–17 Uhr; Eintritt 6 $, Kinder 4 $

Red Wing
---> Umschlagkarte hinten, a 3
15 700 Einwohner

Die Stadt am Mississippi River ist für ihr **historisches Stadtzentrum** mit seinen Backsteinbauten und charmantem Blumenschmuck bekannt, außerdem für die hier hergestellten Töpferwaren und Schuhe. Stilvoll übernachtet man im viktorianischen St. James Hotel (406 Main St.; Tel. 6 51/3 88-28 46, 8 00/2 52-18 75; www.st-james-hotel.com; 61 Zimmer ●●●●). Sehenswert sind die 1862 etablierte Red Wing Pottery (1920 W. Main St.; www.redwingpottery.com; im Sommer Mo–Sa 9–18, So 9–17 Uhr) sowie das Red Wing Shoe Museum and Store (314 Main St.; Mo–Fr 9–20, Sa 9–18, So 11–17 Uhr) im Riverfront Centre.

109 km südöstl. von Minneapolis

Service
Auskunft
Red Wing Visitors and Convention Bureau; 420 Levee St.; Red Wing, MN 55066; Tel. 6 51/3 85-59 34, 8 00/4 98-34 44; www.redwing.org

---

Two Harbors
---> Umschlagkarte hinten, a 2
3400 Einwohner

Das Örtchen am westlichen Zipfel des Lake Superior ist ein guter Ausgangspunkt für Touren an die wilde Nordküste des großen Sees. Zu den schönsten Zielen in Richtung Norden gehört der **Gooseberry Falls State Park** 19 km nordöstlich von Two Harbors mit fünf Wasserfällen und einer tiefen Schlucht (SR 61; www.northshorestateparks.com; tgl. 8–22 Uhr; Eintritt 5 $ pro Auto).

Ein Stopp im **Split Rock Lighthouse State Park** 32 km nordöstlich von Two Harbors ist ein »Muss« (SR 61; www.northshorestateparks.com; tgl. 8–22 Uhr; Eintritt 5 $ pro Auto).

Fast surrealistisch wirkt dieser Wasserfall am Lake Superior an der Pictured Rocks National Lakeshore (→ S. 68).

Auf einer dreiviertelstündigen Führung kann man den bis 1969 aktiven Leuchtturm besichtigen (3713 Split Rock Lighthouse Rd.; Mitte Mai–Mitte Okt. tgl. 10–18 Uhr; www.mnhs.org; Eintritt 8 $). Nicht nur für Fotografen lohnt sich die kurze Wanderung auf eine Klippe 40 m oberhalb des Sees: Von dort hat man den besten Blick auf den Leuchtturm.

296 km nordöstl. von Minneapolis

Service
Auskunft
Two Harbors Information Center;
1330 Hwy. 61; Two Harbors, MN 55616;
Tel. 2 18/8 34-62 00, 8 00/7 77-73 84;
www.twoharborschamber.com

Wabasha
⤑ Umschlagkarte hinten, a 3

2500 Einwohner

Wabasha ist eine beschauliche »American Small Town« mit dem stillen Charme der alten Tage. Und doch ist die Zeit hier nicht stehen geblieben. Neben dem **Adlerschutzzentrum** können Sie hier eine Reihe weiterer Sehenswürdigkeiten entdecken. Eine unerwartete Augenweide ist die Sammlung traditioneller japanischer Seidenkimonos im Winds Whisper West Kimono Store (128 Main St.; www.windwhisperwest.com; Mo–Fr 10–16, Sa/So 12–16 Uhr).

Im nostalgischen Ambiente des Anderson House Hotel kann man im Stil der »guten alten Zeit« essen oder übernachten (333 W. Main St.; Tel. 6 51/5 65-25 00; www.historicandersonhouse.com ●●●). Im Frühjahr 2009 stand das historische Haus allerdings zum Verkauf. Einblicke in die lokale Geschichte vermittelt das kleine **Arrowhead Bluffs Museum** (17505 667th St.; Mai–Anf. Okt. tgl. 10–17 Uhr), ein rein privates Museum mit Artefakten der früheren indianischen Bewohner und der weißen Pioniere dieser Region.

138 km südöstl. von Minneapolis

Service
Auskunft
Wabasha Chamber of Commerce;
137 W.Main St.; Wabasha, MN 55981;
Tel. 6 51/5 65-41 58, 8 00/5 65-41 58;
www.wabashamn.org

Michigan

Unberührte Natur, Dünen, Wälder, aber auch die »Motortown« Detroit – all das ist Michigan.

Besonders schön im Herbst zum Indian Summer, aber auch zu anderen Jahreszeiten: eine Fahrt durch die Wälder der Sleeping Bear Dunes National Lakeshore (→ S. 77).

Städtisches Herz der Region ist die Autostadt Detroit, an deren industrielle Ursprünge das Freilichtmuseum Greenfield Village und das benachbarte Henry Ford Museum erinnern. Zu den beliebtesten Ausflugszielen der Detroiter und Besucher der Stadt zählt der kanadische Point Pelee National Park mit seinen einsamen Sandstränden am Lake Ontario. Michigans Westküste bezaubert durch ihre herrlich weißen Sandstrände und hübschen Orte wie Grand Haven, Holland und Ludington. Ein landschaftlicher Höhepunkt sind die sandigen Klippen und Dünen der Sleeping Bear Dunes National Lakeshore. Die sehenswerten Kleinstädte Traverse City, Petoskey und die autofreie Insel Mackinac Island runden das touristische Angebot ab.

Detroit
⸺⃗ Umschlagkarte hinten, c/d 4

917 000 Einwohner
(5,4 Mio. im Großraum)

Spätestens seit 1913, als **Henry Ford** Fließbänder in der Automobilindustrie einführte und damit den Weg zur kostengünstigen Massenproduktion öffnete, lebt die Stadt Detroit von und mit dem Auto. Die beiden weltgrößten Automobilunternehmen **General Motors** und **Ford** haben seit jeher ihren Firmensitz im Großraum Detroit, und so hängt das Wohlergehen der »**Motortown**« vom Auf und Ab der mittlerweile sehr anfälligen Autokonjunktur ab. Bis heute prägt die multikulturelle Einwohnerschaft, die zur Arbeit in den Automobilwerken gerufen wurde, das Gesicht der Stadt. Etwas außerhalb, in **Dearborn**, liegen Detroits bekannteste Attraktionen; das **Henry Ford Museum** und das **Greenfield Village**. Sehenswert in der Innenstadt sind die sieben Glastürme des **Renaissance Center** mit dem höchsten Gebäude der Stadt sowie der neue **River Walk** entlang des Detroit River, der die Grenze zu Ontario, Kanada, bildet. Von der Aussichtsetage im 70. Stock des Renaissance Center erlebt man ein fantastisches Rundum-Panorama.

Hotels/Andere Unterkünfte
Dearborn Inn – A Marriott Hotel
Schönes, gediegenes Hotel, auch mit hübschen Ferienhäusern, in der Nähe von Henry Ford Museum und Greenfield Village.
20301 Oakwood Blvd.;
Tel. 3 13/2 71-27 00, 8 88/7 72-23 23;
www.dearborninnmarriott.com;
229 Zimmer ●●●● ♿

Sehenswertes
Detroit Zoological Park
Moderner Zoo mit weitläufigen, käfiglosen Gehegen.
8450 W. Ten Mile Rd. in Royal Oak (nördl. von Detroit); www.detroitzoo.org; I-696 Ausfahrt 16; Anf. Mai–Anf. Sept. tgl. 9.30–17, Mi bis 20, April, Sept., Okt. 10–17 Uhr, sonst kürzer; Eintritt 11 $, Kinder 7 $

Meadow Brook Hall
Matilda Dodge Wilson, die Witwe des Automobilfirmengründers John Dodge, ließ von 1926 bis 1929 dieses Herrenhaus im Tudorstil mit 110 Zimmern erbauen. Vor allem am ersten Augustwochenende strömen die Besucher hierher – allerdings nicht, um sich die pompöse Inneneinrichtung anzusehen, sondern zur Autoshow beim Meadow Brook Hall Concours d'Elegance.
200 N.Squirrel Rd., Oakland University in Rochester (nördl. von Detroit via I-75, Ausfahrt 79); www4.oakland.edu, www.mbhconcours.org; Führungen tgl. 13.30, Sa, So auch 11.30, 12.30 und 14.30 Uhr; Eintritt 15 $

Museen
Detroit Institute of Arts
In beeindruckenden Sammlungen präsentiert das sechstgrößte Kunstmuseum der USA die Entwicklung

der Kunst von der Antike bis heute, u. a. mit impressionistischen Gemälden, präkolumbischer Indianerkunst, Rüstungskollektionen.
5200 Woodward Ave.; www.dia.org;
Mi, Do 10–16, Fr 10–22, Sa,
So 10–17 Uhr; Eintritt 8 $, Kinder 4 $

Greenfield Village und Henry Ford Museum

6 Dieser prachtvolle Museumskomplex in Dearborn westlich von Detroit ist ein absolutes »Muss«.

Das weitläufige Freilichtmuseum Greenfield Village macht mit Handwerksvorführungen, u. a. in Schmiede, Glasbläserei und Töpferei, den Alltag und die Arbeitstechniken der letzten 300 Jahre lebendig. Außerdem können die Wohnhäuser und Wirkungsstätten von Henry Ford, Thomas Edison und den Gebrüdern Wright besucht werden. Wer mag, lässt sich per Kutsche, Oldtimer, Dampfschiff oder Dampfzug durch das »Dorf« befördern.

Im Henry Ford Museum wird der kulturelle Wandel in der Region im Laufe der vergangenen drei Jahrhunderte eindrucksvoll demonstriert. Verschiedene Ausstellungen beschäftigen sich mit den Themen Kommunikationswesen, Industrie, Landwirtschaft, Transportwesen, mit dem Schwerpunkt »The Automobile in American Life« – natürlich mit dem ersten Model T. Zum Museumskomplex gehört auch ein ultramodernes IMAX-Kino.

Interessierte können an Führungen durch die Autoproduktionsbetriebe Fort Rouge Factory oder Dearborn Factory teilnehmen.
20900 Oakwood Blvd.; Tel. 3 13/2 71-16 20, 8 00/7 47-IMAX; www.hfmgv.org;
tgl. 9.30–17 Uhr; Eintritt Greenfield Village 22 $, Kinder 16 $, Eintritt Henry Ford Museum 15 $, Kinder 11 $, Eintritt IMAX 10 $, Kinder 8,50 $, Fort Rouge Factory Tours 15 $, Kinder 11 $

Motown Historical Museum

Das ehemalige Schallplattenstudio des »Motown Records«-Gründers Berry Gordy wurde in ein Museum umgewandelt. In den winzigen Studios des zweigeschossigen Hauses nordwestlich von Downtown nahmen u. a. Stevie Wonder und Diana Ross ab den 1960er-Jahren Top-Hits auf.
2648 W. Grand Blvd.;
www.motownmuseum.com;
Di–Sa 10–17, So–Mo 12–17 Uhr;
Eintritt 10 $, Kinder 8 $

Die bewegte Geschichte des Autos in Amerika dokumentiert das Henry Ford Museum in Dearborn westlich von Detroit.

Essen und Trinken
The Whitney
Speisen in fürstlicher Atmosphäre in einem Herrenhaus von 1894. Auf der Karte stehen diverse Nudel-, Fisch- und Muschelgerichte. Täglich Dinner, Mo–Fr auch Lunch.
4421 Woodward Ave.; Tel. 3 13/8 32-57 00; www.thewhitney.com ●●●●

Union Street
Restaurant und trendige Bierhalle im Art-déco-Stil nördlich von Downtown. Bekannt für Gerichte wie »Rasta Wings« und »Dragon's Eggs«.
4145 Woodward Ave.; www.unionstreetdetroit.com; Mo–Fr 11.30–2, Sa 11–2 Uhr ●●

Service
Auskunft
Metropolitan Detroit Convention & Visitors Bureau; 211 W. Fort St., Suite 1000; Detroit, MI 48266; Tel. 3 13/2 02-18 00, 8 00/DETROIT; www.visitdetroit.com

Öffentliche Verkehrsmittel
Amtrak-Bahnhof
11 W. Baltimore Ave.

Greyhound Bus Terminal
1001 Howard St.

Ziele in der Umgebung
Point Pelee National Park, Ontario 🎏
┄┄> Umschlagkarte hinten, d 4

Point Pelee ist einer der kleinsten kanadischen Nationalparks. Er liegt südöstlich von Detroit in der Provinz Ontario (Zufahrt ab Ambassador Bridge über Hwy 3 bis Leamington). Dank seiner langen Strände, beispielsweise des **Northwest Beach**, genießt der Park an heißen Sommertagen große Popularität. Außerdem ist Point Pelee weltbekannt für seinen **Vogelreichtum**. Ein besonderes Tierspektakel findet Ende September statt, wenn die **Chrysippusfalter** ihren weiten Flug über Point Pelee nach Mexiko antreten.

Innerhalb des Parks, der in einer ebenmäßigen, spitzen Landzunge im Lake Erie ausläuft, erreicht man den südlichsten kanadischen Festlandspunkt. Pendelbusse verbinden die Sammelparkplätze mit der Landspitze, von dort wandert man auf dem knapp 0,5 km langen **Tip Trail** zur äußersten Spitze weiter (April–Okt.)

Vom Aussichtsturm am 1,4 km langen **Marsh Boardwalk Trail** hat man einen schönen Panoramablick. Lohnend ist auch eine Kanutour durch das Marschland, das zwei Drittel des Parks einnimmt. Kanus (und Fahrräder) leiht man direkt am Marsh Boardwalk Trail (April–Okt., Kanus 12 $/Std., Fahrräder 10 $/Std.).
60 km südöstl. von Detroit

Service
Auskunft
Point Pelee National Park; 407 Monarch Lane, Leamington, Ontario N8H 3V4, Kanada; Tel. 5 19/3 22-23 65, 8 88/7 73-88 88; www.parkscanada.gc.ca/pelee; Eintritt 7,80 $, Kinder 3,80 $

Grand Haven
┄┄> Umschlagkarte hinten, c 3
10 600 Einwohner

Liebenswertes Städtchen mit einer charmanten Einkaufsstraße, zwei roten Leuchttürmen und hellem Sandstrand. Mitten durch den Ort verläuft die **Main Street** mit ihren größeren und kleineren Geschäften, Boutiquen und Restaurants. Sie endet am **Grand Haven Boardwalk**, auf dem man 4 km weit spazieren gehen kann. Im Ortsbereich finden sich hier Imbissbuden, Restaurants, Geschäfte und Anleger für Angel- und Segelboote. Vom Chinook Pier legt der Segler »Wind Dancer« zu Sonnenuntergangstörns und anderen Segelkreuzfahrten vor der Küste Grand Havens ab (Tel. 6 16/

5 60-19 29; www.winddancercharters.com; tgl. 13 und 15.30 Uhr; Fahrpreis 32–38 $, Kinder 26 $). Besonders schönen weißen Sand findet man im **Grand Haven State Park** 👥, einem wunderbaren Strandpark mit Picknickmöglichkeiten und Campingplatz (1001 Harbor Dr.; www.michigandnr.com/parksandtrails).

323 km westl. von Detroit

Service
Auskunft
Grand Haven Area Convention & Visitors Bureau; 1 South Harbor; Grand Haven, MI 49417; Tel. 6 16/8 42-44 99, 8 00/3 03-40 92; www.visitgrandhaven.com

Holland
---> Umschlagkarte hinten, c 4

34 000 Einwohner

Zu den Top-Sehenswürdigkeiten des von holländischen Siedlern gegründeten Städtchens gehören das **Big Red Lighthouse**, ein markanter, roter Leuchtturm von 1907. Die baumbestandene Main Street wartet mit kleinen Boutiquen, netten Restaurants und Straßencafés und viel Blumenschmuck auf. An einem heißen Sommertag fühlt man sich am weißen Sandstrand des **Holland State Park** 👥 fast wie in Florida (2215 Ottawa Beach Rd.; www.michigandnr.com/parksandtrails). Der weitläufige **Ottawa Beach** ist einer der schönsten Strände am Lake Michigan.

290 km westl. von Detroit

Sehenswertes
Museumsdorf Windmill Island 👥
Als holländisches Dorf mit originaler Windmühle von 1761, Amsterdamer Straßenorgel, Klompentanz und über 150 000 Tulpen im Frühling präsentiert sich Windmill Island.
E. 7th St./Lincoln Ave.;
www.windmillisland.org; Mitte April–Anf. Okt. tgl. 9.30–17 Uhr, zur Tulpenzeit länger; Eintritt 7,50 $, Kinder 4 $

Service
Auskunft
Holland Area Convention & Visitors Bureau; 76 E. 8th St.; Holland, MI 49423; Tel. 6 16/3 94-00 00, 8 00/5 06-12 99; www.holland.org

Ludington
---> Umschlagkarte hinten, c 3

8300 Einwohner

Das hübsche Hafenstädtchen mit Mole, Leuchtturm und Stadtpark ist Heimathafen der **SS »Badger«**, die per vierstündiger Überfahrt Michigans Westküste mit Manitowoc in Wisconsin verbindet (701 Maritime Dr.; Tel. 8 00-8 41-42 43; www.ssbadger.com; im Sommer tgl. 8 und 19.55 Uhr, im Frühjahr und Herbst tgl. 9 Uhr; Fahrkarten: 67 $, Kinder 27 $, Autos 70 $). Nördlich außerhalb des Ortes lockt der ursprüngliche **Ludington State Park** mit kilometerlangem Strand, herrlich grünem Wald und einem Badesee (www.michigandnr.com/parksandtrails). Zum Leuchtturm am **Big Sable Point** wandert man einfach 5 km, wird aber mit einem Naturerlebnis fast wie am Meer belohnt!

434 km nordwestl. von Detroit

Service
Auskunft
Ludington Convention and Visitors Bureau; 5300 W. US Hwy. 10; Ludington, MI 49431; Tel. 2 31/8 45-54 30; 87/4 20-66 18; www.ludingtoncvb.com

Mackinac Island
---> Umschlagkarte hinten, c 2

Aus dem blauen Dunst des Lake Huron taucht Mackinac Island wie ein verwunschenes **Ferienparadies** aus alten Filmen auf. Gepflegte bunte Holzhäuser begeistern die Ankommenden auf den Booten, schon von unterwegs zieht das weiße schlossähnliche Grand Hotel die Blicke auf

Grand Haven – Mackinac Island

Das Fort Mackinac auf der gleichnamigen Insel wurde während des amerikanischen Unabhängigkeitskriegs 1780 bis 1781 von britischen Truppen erbaut.

sich. Auf der liebenswerten Insel findet man eine gute Auswahl an Restaurants, Geschäften, Hotels und Pensionen für jeden Bedarf und Geschmack. Die wichtigsten Verkehrsmittel sind neben den Fahrrädern und den eigenen Beinen die Kutschen.

775 km nördl. von Detroit
(Mackinaw City)

Hotels/Andere Unterkünfte
Grand Hotel
1887 erbautes Grandhotel, das durch sein nostalgisch-luxuriöses Ambiente und die fast 200 m lange Veranda mit dem weiten Panorama beeindruckt. Wer das Hotel besichtigen möchte, muss 10 $ Eintritt bezahlen – diese lassen sich aber mit dem Lunch-Buffet verrechnen.
1 Grand Ave.; Tel. 9 06/8 47-33 31, 8 00/33-GRAND; www.grandhotel.com; Mitte Mai-Ende Sept; 385 Zimmer ●●●● &

Sehenswertes
Fort Mackinac
Im historischen Fort Mackinac auf einer Klippe oberhalb der Stadt werden die vergangenen Tage britischer und amerikanischer Herrschaft wieder lebendig – dafür sorgen original kostümierte Soldaten und Bewohner.
7127 Huron Rd.; www.mackinacparks.com; Juni-Aug. tgl. 9.30–18 Uhr, sonst kürzer; Eintritt 10,50 $, Kinder 6,50 $

Wings of Mackinac
Wer sich für die einheimische Tierwelt interessiert, schaut sich die Schmetterlinge in der Ausstellung »Wings of Mackinac« auf dem Surrey Hill an.
www.wingsofmackinac.com;
Juni–Sept. tgl. 9–18 Uhr, sonst kürzer;
Eintritt 5,50 $, Kinder 2,50 $

Essen und Trinken
1852 Grill
Elegantes Restaurant im Island House Hotel. Zur Frühstücks- und Lunchzeit geöffnet.
Main St.; Tel. 9 06/8 47-33 47, 8 00/6 26-63 04; www.theislandhouse.com/1852-grill-room-34 ●●●

Service
Auskunft
Mackinac Island Tourism Bureau; 7274 Main St.; Mackinac Island, MI 49757; Tel. 9 06/8 47-37 83, 8 00/4 54-52 27; www.mackinacisland.org

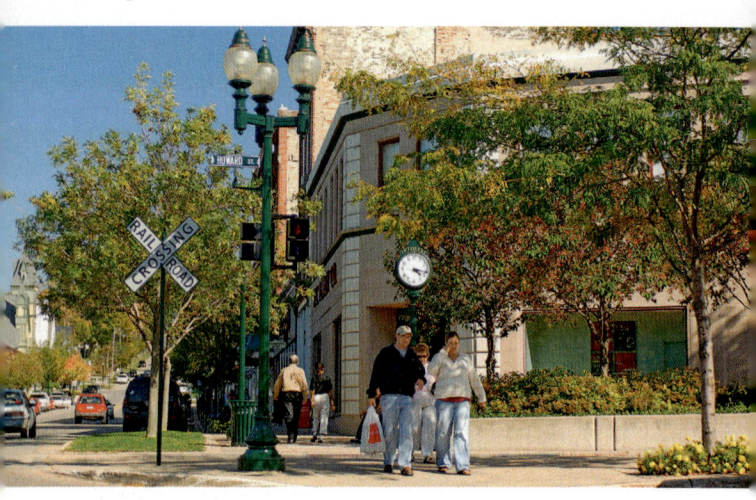

Eine amerikanische Kleinstadt wie aus dem Bilderbuch ist Petoskey, landschaftlich reizvoll am Bear River gelegen.

Mackinaw City
⸺▶ Umschlagkarte hinten, C 2

850 Einwohner

Die kleine Stadt am südlichen Fuß der Mackinac Bridge ist wie ihr nördliches Gegenstück St. Ignace vor allem als Ausgangspunkt für Fahrten nach Mackinac Island bekannt. Erste Sehenswürdigkeit ist denn auch die fotogene Brücke: Seit 1957 verbindet die **Mackinac Bridge** das »untere« und das »obere« Michigan (Maut: 3 $ pro Auto, Wohnmobile, Lkw etc. 3,50 $ pro Achse; www.mackinacbridge.org). Mit ihren 8 km gehört die Mackinac Bridge zu den längsten Hängebrücken der Welt. 34 Pfeiler sind im Seegrund verankert, die bis zu 168 m hoch sind. Alljährlich am Vormittag des Labor Day ist die Brücke für Autos gesperrt und den Fußgängern zum offiziellen Bridge Walk freigegeben.

Mackinaw Citys zweite touristische Attraktion ist das Freilichtmuseum **Colonial Michilimackinac**, in dem die Vergangenheit in Form von historisch gekleideten Fortbewohnern und rekonstruierten Gebäuden wieder auflebt (102 W. Straits Ave.; Ausfahrt 339 der I-75; www.mackinacparks.com; Juni–Aug. tgl. 9–18 Uhr, sonst kürzer; Eintritt 10,50 $, Kinder 6,50 $).

755 km nordwestl. von Detroit

Service
Sheplers Mackinac Island Ferry
Kleine Fähre von Mackinaw City nach Mackinac Island.
556 E. Central Ave.; Tel. 2 31/4 36-50 23, 8 00/8 28-61 57; www.sheplersferry.com; Mai–Okt.; Tickets hin und zurück 25 $, 13 $ für Kinder, Parken 5–10 $ pro Nacht und Auto

Petoskey
⸺▶ Umschlagkarte hinten, C 2

6000 Einwohner

Hübsch schmiegt sich die Kleinstadt Petoskey an die Mündung des Bear River in die Little Traverse Bay. Mit restaurierten Backsteingebäuden, nostalgischen Läden und Gaslaternen spiegelt der **Gaslight District** den

Traum von der typisch amerikanischen Kleinstadt wider. Petoskey und der kleine Nachbarort **Harbor Springs** waren bereits im 19. Jh. beliebte Ferienorte betuchter Chicagoer Industriellenfamilien. Schon damals residierte man gern im Stafford's Perry Hotel von 1899, einem viktorianischen Kleinod mit Tradition, Komfort und romantischen Zimmern mit Seeblick (100 Lewis St.; Tel. 2 31/3 47-40 00, 8 00/7 37-18 99; www.staffords.com; •••). Im Nordwesten der Stadt liegt die historische Siedlung **Bay View**, deren Holzhäuser im viktorianischen Pfefferkuchenstil einst den Methodisten als Sommercamp dienten. Beliebte Souvenirs aus der Region sind die gefleckten Petoskey-Steine aus versteinerten Korallenskeletten.

695 km nordwestl. von Detroit

SERVICE
Auskunft
Petoskey Area Visitors Bureau;
401 Mitchel St.; Tel. 2 31/3 48-27 55,
8 00/8 45-28 28; Petoskey, MI 49770;
www.boynecountry.com

⑧ Sleeping Bear Dunes National Lakeshore 👫
⤳ Umschlagkarte hinten, c 3

Dieses einzigartige Naturschutzgebiet erstreckt sich über die 55 km lange Küstenlinie längs des Lake Michigan. Den Besucher erwarten faszinierende Aussichtspunkte über die von **Klippen** und **Sanddünen** geprägte Landschaft, zudem kann man auf kurzen Wanderpfaden in die urtümliche Landschaft vorstoßen. Seinen Namen verdankt das Gebiet den Dünen, die einer schlafenden Bärenmutter ähneln, und ihren zwei Jungen, die heute als North und South Manitou Island bekannt sind. Zu den größten Anziehungspunkten zählt der **Dune Climb** an der Straße 109, wo man die **34 m hohe Sleeping Bear Dune** erklimmt oder auf dem knapp 2,5 km langen **Dunes Trail** zum Lake Michigan wandert. Der 12 km lange, gewundene **Pierce Stocking Scenic Drive** nördlich von Empire verleitet zu sehenswerten Stopps wie dem Beginn des 2,5 km langen **Cottonwood Trail** durch die Dünen, dem **Lake Michigan Overlook** und dem **Dune Overlook** mit Aussichtsplattformen 150 m hoch über dem See. Schönster Wanderweg südlich von Empire ist der **Empire Bluff Trail**, der nach 1,2 km an einem beeindruckenden Aussichtspunkt über dem Lake Michigan endet.

552 km nordwestl. von Detroit

SERVICE
Auskunft
Hart Visitor Center; 9922 Front St.,
Empire, MI 49630; Tel. 2 31/3 26-51 34;
www.nps.gov/slbe

Traverse City
⤳ Umschlagkarte hinten, c 3

14 300 Einwohner

Das charmante Städtchen mit seinem gepflegten Ortskern aus der Gründerzeit liegt sehr schön an der Grand Traverse Bay des Lake Michigan. Traverse City ist ein Zentrum des Tourismus und des Obst-, besonders des Kirschanbaus in Michigan. Das **Dennos Museum Center** zeigt u. a. Kunst der Inuit (1701 E. Front St.; www.dennosmuseum.org; Mo–Sa 10–17, So 13–17 Uhr; Eintritt 4 $, Kinder 2 $), das **Grand Traverse Heritage Center** informiert über die Geschichte der Region (322 Sixth St.; www.gtheritagecenter.org; Mo–Sa 10–16 Uhr; Eintritt 3 $, Kinder 1,50 $).

587 km nordwestl. von Detroit

SERVICE
Auskunft
Traverse City Convention & Visitors Bureau; 101 W. Grandview Parkway, Traverse City, MI 49684; Tel. 2 31/9 47-11 20, 8 00/9 40-11 20;
www.visittraversecity.com

Rund um den Lake Erie

Nicht nur wegen der Niagarafälle lohnt der östliche Teil der Großen Seen einen Besuch.

Die Niagarafälle (→ S. 81) bestehen aus drei Wasserfällen: den American Falls, den Bridal Veil Falls (auf US-Gebiet) und den weitaus größeren Horseshoe Falls in Kanada.

Cleveland

Die östliche Reiseregion an den Großen Seen schließt den Lake Erie und die beiden Großstädte Niagara Falls und Cleveland ein. Die Doppelstadt Niagara Falls liegt auf der einen Seite im kanadischen Ontario und auf der anderen Seite im Staate New York, USA. Bekannteste Sehenswürdigkeit sind natürlich die gewaltigen **Niagarafälle**, es gibt aber auch eine Reihe anderer Attraktionen zu entdecken. Hübsche Ausflugsziele sind das idyllische Niagara-on-the-Lake und die Großstadt Buffalo.

Cleveland beeindruckt mit zahlreichen Museen, darunter die populäre Rock 'n' Roll Hall of Fame samt Museum. Kunstinteressierte zieht es in das hochkarätige Cleveland Museum of Art. Außerdem bietet Cleveland diverse reizvolle Bootstouren entlang der Ufer des Lake Erie. **Berlin** im Amish Country präsentiert dem Besucher eine ganz andere Facette Amerikas.

Cleveland
···⟩ Umschlagkarte hinten, d 4

438 000 Einwohner
(3 Mio. im Großraum)
Stadtplan → S. 81

Cleveland am Lake Erie war im späten 19. Jh. eine wohlhabende Industriestadt, für deren Prosperität Öl, Stahl und der Eisenbahnbau sorgten. In den Prachtbauten der auch »Millionaires Row« genannten Euclid Avenue wohnten die reichsten Familien der Region.

Vom wirtschaftlichen Abschwung im 20. Jh. gezeichnet, stieg die Stadt am Ende dennoch wieder wie Phönix aus der Asche empor. Heute erwarten den Besucher neben der berühmten **Rock 'n' Roll Hall of Fame** das **Great Lakes Science Center** und andere moderne Sehenswürdigkeiten, außerdem wurde das ehemalige Schwerindustriegebiet **The Flats** in ein Vergnügungs- und Restaurantviertel umgewandelt.

Hotels und andere Unterkünfte

Renaissance Cleveland Hotel
···⟩ S. 81, b 3
Elegantes Grandhotel mit nostalgischer Atmosphäre und in bester Lage. Mit Restaurant »Sans Souci«. Direkter Zugang zum noblen Einkaufszentrum Tower City Center.
24 Public Sq.; Tel. 216/696-5600, 800/468-3571; www.marriott.com; 491 Zimmer ●●●● ♿

Essen und Trinken

Fat Fish Blue ···⟩ S. 81, b 3
Abwechslungsreiche und geschmackvolle Cajun-Küche aus Louisiana. Zudem gibt es fast jeden Tag »live« guten Blues.
21 Prospect Ave.; Tel. 2 16/8 75-60 00; tgl. Lunch und Dinner, Fr, Sa bis 2 Uhr; www.fatfishblue.com ●●

Sehenswertes

Goodtime III ···⟩ S. 81, a 1
Das große Ausflugsschiff legt am North Coast Harbor ab und schippert dann zwei Stunden lang auf dem Lake Erie und dem Cuyahoga River.
825 E. 9th St. Pier; Tel. 2 16/8 61-51 10; www.goodtimeiii.com; Mitte Juni–Anf. Sept. Di–Sa 12 und 15, So 13 und 15.30 Uhr; Fahrpreis 15 $, Kinder 9 $

USS Cod ···⟩ S. 81, b 1
Im North Coast Harbor liegt das original ausgestattete U-Boot aus dem Zweiten Weltkrieg.
1089 E. 9th Street.; www.usscod.org; Mai–Sept. tgl. 10–17 Uhr; Eintritt 6$

Museen

Cleveland Museum of Art
···⟩ S. 81, östl. c 2
Gratis öffnet das Weltklasse-Kunstmuseum im University Circle interessierten Besuchern seine Pforten. Zu sehen sind u. a. amerikanische Landschaftsmalerei des 19. Jh. sowie indianische Töpfer- und Korbflechtkunst.
11150 East Blvd.; www.clevelandart.org; Di–So 10–17, Mi, Fr bis 21 Uhr; Eintritt frei

Rund um den Lake Erie

Great Lakes Science Center
⸺> S. 81, a 2

Supermodernes Wissenschaftsmuseum samt Omnimax-Kino am North Coast Harbor.
601 Erieside Ave.; www.greatscience.com; Museum tgl. 10–17 Uhr; Omnimax tgl. 10–17 Uhr, im Sommer länger; Eintritt 9,50 $, Kinder 7,50 $, Kombinationstickets 15 $, Kinder 12 $

Rock 'n' Roll Hall of Fame and Museum
⸺> S. 81, b 1

Von dem Architekten I. M. Pei futuristisch gestyltes Rock-Museum am North Coast Harbor. Mit einer Ruhmeshalle, Filmen und Ausstellungen über die berühmte Musik und ihre Musiker, die ein ganzes Zeitalter prägten. In Ton, Wort und Bild werden die Karrieren und Platten der Beatles, der Rolling Stones, von Elvis, Jimi Hendrix und anderen Rockgrößen vorgestellt.
110 Rock and Roll Blvd.; www.rockhall.com; tgl. 10–17.30, Mi bis 21 Uhr; Eintritt 22 $, Kinder 13 $

Western Reserve Historical Society
⸺> S. 81, östl. c 2

Das aus dem frühen 20. Jh. stammende Museumsdoppelgebäude im Universitätsviertel beherbergt verschiedene historische Abteilungen. Besonders sehenswert sind die 200 Oldtimer im Crawford Auto-Aviation Museum sowie das History Museum zur regionalen Geschichte.
10825 East Blvd.; www.wrhs.org; Di–Sa 10–17 Uhr; Eintritt 8,50 $, Kinder 5 $

AM ABEND
The Flats
⸺> S. 81, c 3

Der Fokus des Nachtlebens von Cleveland befindet sich in den Flats, dem früheren Schwerindustriegebiet an den Flussschleifen des Cuyahoga River. Vormalige Warenhäuser haben sich als schicke Restaurants, Cafés und Nightclubs mit Livemusik aller Sparten herausgeputzt. Das Westufer nimmt der Nautica Entertainment Complex mit Geschäften, Restaurants, einer Uferpromenade und einem Freiluft-Musikpavillon ein (www.nauticaflats.com). Dazu zählt auch das 1892 erbaute Powerhouse (2000 Sycamore St.; www.clevelandpowerhousepub.com). Das einstige Kraftwerk beherbergt heute u. a. einen Pub und Restaurants.

SERVICE
Auskunft
⸺> S. 81, b 3

Cleveland Visitors Center; Higbee Building, 100 Public Square, Suite 100; Cleveland, OH 44113;
Tel. 2 16/8 75-66 00, 8 00/3 21-10 04;
www.positivelycleveland.com

Ziel in der Umgebung
Berlin
⸺> Umschlagkarte hinten, d 4

3000 Einwohner

Südlich von Cleveland leben die **Amish**, eine Bevölkerungsgruppe, die ihre althergebrachte deutsche Sprache und Kultur beibehalten hat und aus religiösen Gründen auf Autos, elektrischen Strom, Telefon, Fernsehen und andere moderne Errungenschaften verzichtet. Die Amish steuern unbeirrt ihre grauschwarzen Kutschen durch den modernen Straßenverkehr und verkaufen an Straßenständen, auf Märkten und in kleinen Geschäften Selbstproduziertes wie Gemüse und Brot, Quilts und den traditionellen »Shoefly Pie«, eine Art amerikanischen Streuselkuchen.

Die Zufahrt führt über die I-77 bis Canton, dann US Hwy 62 in südwestlicher Richtung bis Berlin, mitten in das Herz des »Amish Country«.
140 km südl. von Cleveland

SERVICE
Auskunft
Amish Country Visitors Bureau;
35 N. Monroe St., Millersburg, OH 44654;
Tel. 3 30/6 74-39 75, 8 77/6 43-88 24;
www.visitamishcountry.com

Niagara Falls

⋯⋯⋕ Umschlagkarte hinten, e 3

134 000 Einwohner
Karte → S. 83

Mit über 1 km Breite und riesigen Wassermassen gehören die Niagarafälle zu den mächtigsten Wasserfällen der Welt. Die Niagara Falls setzen sich aus **drei Wasserfällen** zusammen. Rund 670 m breit und 53 m hoch sind die **Canadian** oder **Horseshoe Falls**, durch die die kanadisch-amerikanische Grenze verläuft. Das Wasser der »nur« 327 m breiten **American Falls** stürzt nicht frei hinunter, sondern prallt nach 34 m auf die Felshalde am Fuß der Fälle. Wie ein zarter Brautschleier fallen daneben die kleinen **Bridal Veil Falls** in die Tiefe.

Auf seiner nur 53 km langen Reise verknüpft der Niagara River den Lake Erie im Süden mit dem Städtchen Niagara-on-the-Lake am Lake Ontario im Norden. Die tief eingeschnittenen Flussschluchten bilden die natürliche Grenze zwischen Kanada und den USA. Über den Canyon führen nur vier Brücken, zwei davon, die Rainbow Bridge und die Whirlpool Rapids Bridge, verbinden die amerikanisch-kanadische Doppelstadt Niagara Falls.

Hotels/andere Unterkünfte
Ramada All Suites Hotel
⋯⋯⋕ S. 83, westl. a 2
Elegantes Suitenhotel, ausgestattet mit drei Swimmingpools, Sauna und Fitnessraum. Attraktives Preis-Leistungs-Verhältnis. Auf kanadischer Seite.

7389 Lundy's Lane; Tel. 9 05/3 56-61 16, 8 66/3 07-84 83; www.ramadasuites niagarafalls.com; 73 Suiten ●●● ♿

Rund um den Lake Erie

SEHENSWERTES

Cave of the Winds Trip
⋯⋯> S. 83, westl. b 3

Per Aufzug gleitet man von Goat Island, der Insel zwischen den American und Horseshoe Falls, hinunter auf Flussniveau zum Fuß der Bridal Veil Falls. Auf amerikanischer Seite.
www.niagarafallsstatepark.com;
Mai–Okt. tgl. 10–17, im Sommer 9–23 Uhr; Eintritt 10 $, Kinder 7 $

Maid of the Mist 👥 ⋯⋯> S. 83, b 2

Ein großartiges Naturerlebnis: Man steigt am New York State Observation Tower am Prospect Point oder Fuß der Clifton Hill Street an Bord der Maid of the Mist und fährt an American und Bridal Veil Falls vorbei in den Hexenkessel der Horseshoe Falls.
www.maidofthemist.com; April–Okt. tgl. 10–17, im Hochsommer tgl. 9–20 Uhr; Fahrpreis 14,50 Can$/13,50 US$, Kinder 9 Can$/8 US$

Whirlpool Aero Car 👥
⋯⋯> S. 83, nördl. b 1

Die 550 m lange Seilbahn überquert den von den Wasserstrudeln des Niagara River ausgewaschenen Whirlpool, 3 km nördlich der Fälle. Ein herrlicher Spaß mit dem Panorama der Flussschlucht in beide Richtungen. Auf der kanadischen Seite.
3850 Niagara Parkway in Niagara Falls; www.niagaraparks.com/nfgg/ aerocar.php; Mitte Mai–Ende Okt. tgl. ab 9 Uhr, im Sommer bis 20 Uhr; Eintritt 11,50 Can$, Kinder 6,80 $

Table Rock Complex ⋯⋯> S. 83, a 3

Beim »Journey behind the Falls« fährt man mit dem Aufzug vom Table Rock House zu mehreren Aussichtspunkten hinter und neben den Horseshoe Falls. Auf kanadischer Seite.
6650 Niagara Parkway; www.niagara parks.com/nfgg/tablerock.php; tgl. ab 9, im Hochsommer bis 23 Uhr; Eintritt 12,50 Can$, Kinder 7,50 Can$

Terrapin Point ⋯⋯> S. 83, b 3

Von der äußersten Westspitze auf Goat Island genießt man eine grandiose Aussicht auf die Horseshoe Falls. Einer der besten Panoramablicke auf die kanadische Seite.

SERVICE

Auskunft ⋯⋯> S. 83, westl. a 2
Niagara Falls Tourism; 5540 Robinson St., Niagara Falls, Ont. L2G 2A6; Canada; Tel. 9 05/3 56-60 61, 8 00/5 63-25 57; www.niagarafallstourism.com

---

MERIAN-Tipp

🔟 Skylon Tower

Der auf kanadischer Seite emporragende Skylon Tower bietet die beste Panoramasicht aller Niagaratürme. Sein Aufzug befördert die Fahrgäste zur Aussichtsetage oder dem Drehrestaurant auf spektakulären 236 m oberhalb der Niagarafälle. An einem Schönwettertag ist das Panorama geradezu überwältigend: die Wasserfälle mit der Stadt zu beiden Seiten, die grüne Landschaft entlang des Flusses und die beiden großen Seen im Süden und Norden. Fotogener geht es kaum noch!

5200 Robinson St.; im Sommer tgl. 8–24 Uhr; www.skylon.com; Eintritt 13 Can$, Kinder 7,55 Can$ ⋯⋯> S. 83, a 2

Ziele in der Umgebung

Buffalo
⋯⋯> Umschlagkarte hinten, e 3

272 600 Einwohner

Die Industrie- und Hafenstadt an der Mündung des Buffalo River besticht durch ihre großzügige **Waterfront Plaza** mit Blick auf Jachthafen und Chinaman's Lighthouse. Architektonisch interessant ist die im **Art-déco-Stil** erbaute, über 110 m hohe City Hall am Niagara Square. Weitere Sehenswürdigkeiten sind die **Albright-Knox**

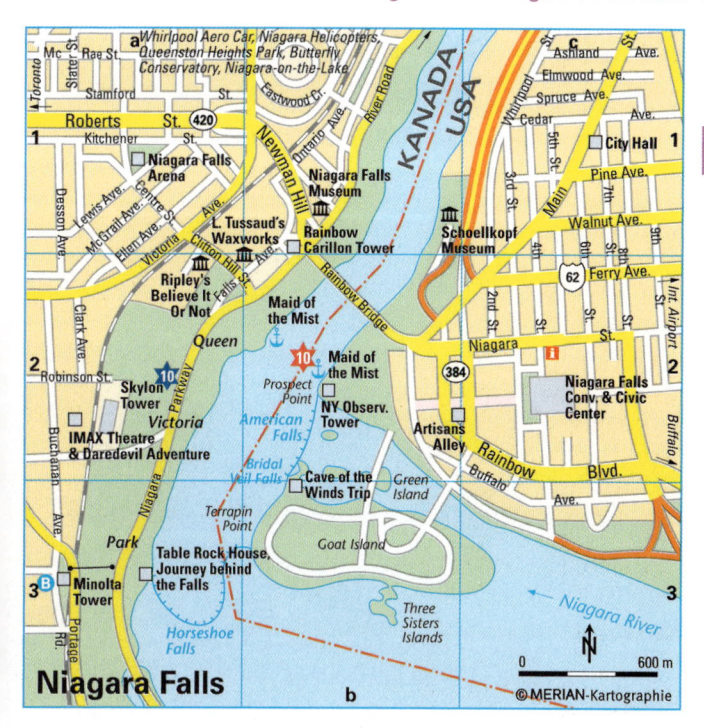

Art Gallery mit Gemälde- und Skulpturenkollektionen sowie der **Buffalo and Erie County Naval and Military Park**.
35 km südl. von Niagara Falls

Service
Auskunft
Greater Buffalo Convention & Visitors Bureau; 617 Main St., Buffalo, NY 14203; Tel. 7 16/8 52-23 56, 8 00/BUFFALO; www.visitbuffaloniagara.com

Niagara-on-the-Lake
⇢ Umschlagkarte hinten, e 3

14 600 Einwohner

Über den reizvollen Niagara Parkway oder den parallel verlaufenden Niagara River Recreation Trail kommt man auf der kanadischen Seite des Niagara River nach Niagara-on-the-Lake. Es überrascht durch sein gepflegtes viktorianisches Stadtbild. Übernachten kann man im traditionsreichen Prince of Wales Hotel im viktorianischen Stil (6 Picton St.; Tel. 9 05/4 68-32 46,   8 88/6 69-55 66; www.vintage-hotels.com; 108 Zimmer; ●●●●). Auf einstündigen Whirlpool Jet Boat Tours erkundet man die unteren Stromschnellen des Niagara River (61 Melville St.; Tel. 8 88/4 38-44 44;   www.whirlpooljet.com; Mai–Okt. tgl. 10–19 Uhr; Fahrpreis 57 Can$, Kinder 48 Can$).
32 km nördl. von Niagara Falls

Service
Auskunft
Niagara-on-the-Lake Chamber of Commerce; 153 King St., Niagara-on-the-Lake, ON L0S 1J0, Kanada; Tel. 9 05/4 68-42 63; www.niagaraonthelake.com

Routen und Touren

Einen Kompass und gute Karten sollte dabei haben, wer mit dem Kanu auf den verschlungenen Wasserwegen der 240 Kilometer langen Boundary Waters Canoe Area (→ S. 96) im nördlichen Minnesota unterwegs ist. Denn die Zivilisation ist weit weg ...

Per Auto, zu Fuß oder mit dem Kanu: Erleben Sie die ganze Vielfalt der Großen Seen – tiefe Wälder und Seen im Norden, weiter südlich Felder und Wiesen, dazwischen kleine Dörfer und Metropolen.

Die große Autotour entlang der Großen Seen – Von Detroit nach Minneapolis

Charakteristik: Die Tour verläuft von Detroit aus durch Michigan, entlang der Westküste des Lake Michigan zum nördlichen Teil des Staates, entlang der malerischen Küste des Lake Superior über Irondwood (1266 km); Gelegenheit zum Wandern und Paddeln in Ely (1632 km) und der Boundary Waters Area; südwärts nach Minneapolis (2022 km); **Länge:** 2022 km; **Dauer:** 9–10 Tage; **Auskunft:** Touristische Informationsbüros von Michigan, Wisconsin und Minnesota (→ S. 107); **Einkehrmöglichkeiten:** auf der gesamten Wegstrecke; **Karte:** ⤑ Umschlagkarte hinten, c/d 4–a 3

Detroit ⤑ Sleeping Bear Dunes National Lakeshore

Die Fahrt führt zunächst von Detroit quer durch den Bundesstaat Michigan auf der Interstate 96 West, vorbei an der freundlichen, kleinen Hauptstadt **Lansing** und an **Grand Rapids**, dem Ausgangspunkt für Ausflüge an den schönen Michigansee. Das Städtchen **Holland** abseits des US Hwy. 31 ist das Herz einer Mitte des 19. Jh. von Holländern besiedelten Region, die Nachbarorte heißen demzufolge auch Zeeland, Vriesland und Overisel. Alljährlich Anfang Mai feiert man hier beim zehntägigen Tulip Time Festival mit 1500 Holzschuhtänzern stilgetreu ein holländisches Tulpenfest, außerdem werden traditionelle Holzschuhe und Delfter Porzellan produziert. Lokales Wahrzeichen ist der pittoreske, leuchtend rote Leuchtturm Big Red von 1907.

Weiter nördlich via US Hwy. 31 erwarten uns an der Mündung des Grand River an der Pier im Touristenstädtchen **Grand Haven** zwei durch einen Steg miteinander verbundene rote Leuchttürme. Zu unseren Füßen lädt der attraktive Sandstrand des **Grand Haven State Park** zum Baden ein. An der südseitigen Flussuferpromenade geht es ab der Pier stadteinwärts. Der US Hwy. 31 schlängelt sich weiter durch eine grüne Landschaft, unterwegs bieten sich diverse Abstecher zu den Seen von **Muskegon State Park** oder **Silver Lake State Park** an. Schließlich kommen wir nach **Ludington**, einem hübschen Hafenstädtchen mit Mole, auf der ein Leuchtturm zum abendlichen Sonnenuntergang ein buntes Völkchen anzieht. Es ist der Heimathafen der Fähre SS »Badger«, die Ludington mit Manitowoc in Wisconsin verbindet. Die Abfahrt des Schiffes beobachtet man am besten von dem mit Skulpturen geschmückten Waterfront Park. Der ursprüngliche Ludington State Park mit seinen Stränden und Dünen, dem Wald und dem Fluss verspricht einen erholsamen Aufenthalt in der Natur.

Nördlich des Point Betsie Lighthouse bei Frankfort beginnt die 55 km lange **Sleeping Bear Dunes National Lakeshore**. Von der State Road 22 gibt es mehrere Zufahrtmöglichkeiten. Stetige Winde von den Sandstränden am Ostufer des Lake Michigan haben eine malerische bis hochdramatische Kulisse von Sanddünen und hohen Sandklippen geformt. Noch heute ist die einem schlafenden Bären ähnelnde Sleeping Bear Dune ein markantes Erkennungszeichen. Sie und ihre attraktiven Nachbardünen sind ein exzellentes Wanderrevier. Einer indianischen Legende zufolge stammt der Name des Parks von einer großen Bärenmutter, die in geduckter Haltung das Festland darstellt, und ihren zwei schwimmenden Jungen, den beiden Manitou Islands, die ebenfalls zum Gebiet der National Lakeshore gehören. Das Parkinfozentrum liegt an der State Road 72.

Sleeping Bear Dunes National Lakeshore ---> Mackinaw City

Nördlich von Empire kommen wir auf den 12 km langen Pierce Stocking Scenic Drive. Die schöne Rundfahrt bringt uns zunächst den 60 m hohen Dünen näher, die sich auf dem 2,5 km langen **Cottonwood Trail** durchwandern lassen. Am westlichsten Straßenende des Abstechers geht es zu zwei sehr schönen und eindrucksvollen Aussichtspunkten: **Dune Overlook** und **Lake Michigan Overlook**. Ebenfalls nördlich von Empire kann man vom Highway 109 aus weiter nördlich auf dem kurzen Dune Climb direkt auf eine Sanddüne steigen und nach Herzenslust auf dem Sand hinabrutschen – Sandsurfen auf den insgesamt 10 qkm großen Dünen ist im Land des »schlafenden Bären« ein bäriges Vergnügen!

Zeit für eine Mittagspause bietet das idyllische **Glen Arbor**, das auf der malerischen Leelanau Peninsula am Rande des Lake Michigan mit zahlreichen Geschäften und Restaurants aufwartet. In der Cherry Republic findet man Mitbringsel und andere Dinge, die aus Kirschen hergestellt werden. Auf dem weiteren Weg nach Traverse City durchqueren wir die bekanntesten Obst- und Weinanbaugebiete Michigans. **Traverse City** mit seinem restaurierten Stadtkern ist ein Zentrum des Obstanbaus und des Tourismus. Sehr schön ist der Abstecher zur malerischen **Old Mission Point Peninsula** mit ihren erstklassigen Weingütern und ausgezeichneten Restaurants, den stillen Stränden und sanften Landschaften. Dazu folgen wir der State Road 22, welche die Halbinsel umrundet.

Weiter geht es auf der landschaftlich reizvollen US Hwy. 31 bis ins Stadtzentrum von **Petoskey** mit seiner bezaubernden Altstadt, gepflegten Backsteinhäusern, Geschäften und Restaurants. Das Seeufer des traditionellen Ferienortes weist einige mondäne Resorts auf.

Nächster Stopp am Highway 31 ist **Mackinaw City** an der Nordspitze der Lower Peninsula. Bereits 1715 errichteten Franzosen an der strategisch wichtigen Wasserstraße zwischen Lake Michigan und Lake Huron ein befestigtes Fort. Es fiel 1763 kampflos an die Engländer und kurz danach in die Hände der Indianer unter Häuptling Pontiac, die bei einem ihrer letzten bedeutenden Siege an den Großen Seen die weiße Besatzung ermordeten. Später wurde das Fort vollständig auf die Insel Mackinac Island verlegt.

In unseren Tagen lebt die Vergangenheit in Mackinaw Citys palisadenbewehrtem Freilichtmuseum **Colonial Michilimackinac** wieder auf. Anschaulich illustrieren die kostümierten »Bewohner« des Forts das Leben in jener Zeit, als Besucher erlebt man mit etwas Glück eine koloniale Hochzeit, die Ankunft von Voyageuren (französischen Pelzhändlern) mit voll beladenen Kanus oder ein indianisches Zeltlager. Stündlich wird eine Kanone abgeschossen, zudem finden Musketenübungen statt. Von den Fortpalisaden hat man einen exzellenten Ausblick auf die elegante **Mackinac Bridge**, die sich seit 1957 majestätisch über die Wasserstraße am Übergang von Lake Michigan zum Lake Huron schwingt. Mit einer Spannweite von fast 1200 m über dem Wasser ist sie die drittlängste Hängebrücke der USA.

Mackinaw City ---> Mackinac Island

Nach einer 18-minütigen Fährfahrt ab Mackinaw City oder St. Ignace am nördlichen Brückenende erreichen wir die Insel **Mackinac Island**, unser nächstes Ziel. Nehmen Sie sich ausreichend Zeit für den Sprung zurück in die autofreie Epoche des ausgehenden 19. Jh., denn auf dem Eiland geht es entweder zu Fuß, per Fahrrad oder im Pferdetempo gemächlich vorwärts. Mehrere Fahrradverleihe findet man in der Nachbarschaft der Fährstationen.

Polizei und Notarztwagen – mehr motorisierte Fahrzeuge gibt es nicht auf der von Felsklippen umrahmten Insel. Alle anderen Transporte, seien es Menschen oder Versorgungsgüter, übernehmen Pferdekutschen. Dominierendes Gebäude ist das weiße Grand Hotel Mackinac Island. Bereits 1887 hat die exklusive Hotelpalast aus der großen Zeit der romantisch-luxiösen Schifffahrt auf den Großen Seen wohlhabende Dampferpassagiere beherbergt. Auch ohne Übernachtung kann man den weit über die Wasserstraße von Mackinac reichenden Panoramablick von der 200 m langen Veranda genießen. Eindrucksvoll auch das mit Originalhäusern bestückte, restaurierte britische **Fort Mackinac**, das die Seeenge 115 Jahre lang beherrschte. Hier kann man »Soldaten« bei Schießübungen mit zeitgenössischen Musketen und Kanonen beobachten.

Wer mag, umrundet die Insel per Fahrrad und hält zwischendurch an den zahlreichen Aussichtspunkten und Strandzugängen. Alternativ wandert man quer über den Inselrücken oder schließt sich einer Gruppe an, die zu Pferde die Schönheiten der waldigen Umgebung erkundet. Außerdem werden Kutschfahrten angeboten, manche halten auch am tropischen Schmetterlingshaus.

Mackinac Island ⇢
Duluth/Superior

Über die Mackinac Bridge gelangen wir zur Upper Peninsula (obere Halbinsel), den Nordteil des Bundesstaates Michigan, und wenden uns westwärts. Der US Hwy. 2 entlang der Nordküste des Lake Michigan bietet hier die landschaftlich reizvollste Strecke, bevor wir dann auf der State Road 94 nordwärts nach Munising fahren.

Die malerische **Pictured Rocks National Lakeshore** nimmt über 60 km Uferlinie des Lake Superior zwischen Grand Marais und Munising ein. Bis zu 60 m hoch über dem See erhebt sich die mächtige, bewaldete Steilküste, an der sich seit jeher Wind und Wellen austoben und vielfarbige, ausgewaschene Felsformationen schaffen. Fantastische Blicke auf das Seeufer hat man nordöstlich von Munising – am optimalsten am Aussichtspunkt Miners Castle Overlook, den wir mit dem Auto über die Miners Castle Road erreichen. Bisweilen ist die Bucht bis Anfang Juni vereist.

Ebenfalls von derselben Straße kommen wir zum **Miners Beach**, der sich zwar nicht zum Baden, aber für reizvolle kurze Strandspaziergänge eignet. Nur zu Fuß erreicht man ab der Chapel Road nach 4 km den **Chapel Beach** an der Felsenküste.

Das weitaus beste Panorama mit dem schönsten Bootstrip auf dem **Lake Superior** bietet sich von der Seeseite aus. Mit Pictured Rocks Cruises ab Munising genießen wir knapp drei Stunden lang faszinierende Blicke auf die Steilküste – eine ausgezeichnete Gelegenheit, die Küste in all ihrer natürlichen Schönheit zu erleben. Immer wieder passieren wir ansehnliche Wasserfälle, die sich in das eiskalte, klare Wasser des Sees stürzen.

Ab Munising folgen wir auf der State Road 28 mehr oder weniger dem über weite Bereiche nur spärlich besiedelten Uferbereich des Lake Superior. Der größte Süßwassersee der Welt beeindruckt durch seine Ausdehnungen: 560 km Länge, 240 km Breite und bis zu 300 m Tiefe. Aufgrund seiner nördlichen Lage schwimmen noch Mitte Mai Eisschollen auf dem See, zum Baden lädt die Wassertemperatur, die selbst im Hochsommer nur maximal 10 °C beträgt, daher nicht ein.

Wir kommen in das hübsche Städtchen **Marquette** mit seinen restaurierten Backsteinfassaden und dem parkähnlichen Hafenbereich, zu dem ein historisches Segelschiff, ein Schifffahrtsmuseum sowie ein Leuchtturm gehören. Rund 40 km nördlich der Stadt steht am Steilufer

Das Marquette Harbor Lighthouse am Lake Superior bei Marquette (→ S. 64) wurde 1866 gebaut. Heute beherbergt es eine Station der US-Küstenwacht.

vor dem unermesslich weit erscheinenden Lake Superior das rote **Big Bay Point Lighthouse**. Mittlerweile ist es ein Geheimtipp für Reisende, die in den ehemaligen Quartieren des Leuchtturmwärters und seiner Mitarbeiter stilvoll übernachten. Von Marquette erreichen wir Big Bay Point über eine kleine, stille Landstraße, der wir in nordwestlicher Richtung bis zum Ende folgen.

Die State Road 28 führt uns durch die weiten Wälder Nordmichigans, in **Ironwood** kommen wir in den Bundesstaat **Wisconsin**. Dort bringen uns US Hwy. 2 und State Road 13 zum Fischereihafen und Ferienort **Bayfield**, von wo Ausflugsfahrten zu den Inseln der Apostle Islands National Lakeshore starten. Statt nach ihren Namensvettern, den zwölf Aposteln, beziffern sich die Inseln auf immerhin 22, davon 21 im Naturschutzgebiet. Ein halbes Dutzend Leuchttürme findet sich hier. Wer möchte, kann an von Rangern geführten Ausflügen in den zivilisationslosen Park teilnehmen. Übernachtet wird auf den von Menschen unbewohnten Inseln, wo sich Biber und Bär Gute Nacht sagen, aber nur auf speziellen Campingplätzen, und das auch nur mit dem im Visitor Center erhältlichen »Permit«. Die Wanderwege auf den Inseln reichen von einem knappen halben Kilometer auf South Twin Island bis hin zum 23 km langen Trail auf Stockton Island.

Duluth/Superior ---> Minneapolis

Als Hochseehafen liegt die Doppelstadt **Duluth/Superior** am äußersten Westzipfel des Lake Superior, an der Grenze von Wisconsin/Minnesota, immerhin 3800 km vom offenen Atlantik entfernt. Doch über das ausgeklügelte Schleusensystem des Sankt-Lorenz-Seewegs bleibt sie auch für große Ozeandampfer erreichbar. In dem westlichsten und zugleich größten Hafen an den Großen Seen werden riesige Mengen an Getreide aus den Staaten des Mittleren Westens und der kanadischen Prärieprovinzen verladen.

Die Industriestadt **Duluth** besticht im Wesentlichen als Vorposten der im Norden gelegenen Wildnis und durch ihre reizvollen Ziele in der Umgebung. Ab Duluth erleben wir auf dem North Shore Scenic Drive, der

State Road 61, entlang des Ufers des Lake Superior, raue nordische Landschaftsformen. In jeder Kurve eröffnen sich neue Panoramen auf Felsklippen, Wald und Wasser. Bis hoch zur kanadischen Grenze folgt die Straße dem Seeufer mit attraktiver Streckenführung, immer wieder unterbrochen von Parks, Aussichtspunkten und Picknickplätzen. Die waldreiche Region ist insbesondere zur Zeit der spektakulären herbstlichen Blätterfärbung beliebt zum Campen, Angeln und Wandern.

Die ruhige Kleinstadt **Two Harbors**, unser nächster Halt, ist seit dem ausgehenden 19. Jh. ein bedeutender Eisenerzverladehafen. Noch heute kann man die großen Frachtschiffe vor den Verladestationen beobachten. An der Agate Bay steht der letzte noch aktive Leuchtturm Minnesotas.

Raues Seeufer und die fünf schäumenden Kaskaden des Gooseberry River sind im **Gooseberry Falls State Park** zu bewundern. Die beste Sicht auf die Fälle hat man direkt vom Highway aus. Naturpfade laden zu geruhsamen kurzen Wanderungen durch den bewaldeten Park ein.

Nur wenige Kilometer weiter nördlich gelangen wir zum **Split Rock Lighthouse State Park,** wo das 1910 erbaute Split Rock Lighthouse 59 Jahre lang seinen Dienst versah. Neben dem Leuchtturm auf dem vertikal aufsteigenden Felsen oberhalb des Lake Superior stehen das Leuchtturmwärterhaus mit Nebelhorn und Ausstellungen zur regionalen Geschichte. Von seiner schönsten Seite zeigt sich der meistfotografierte Leuchtturm an den Großen Seen vom südlich gelegenen Strand.

Beim Örtchen **Illgen City** nahe des Tettegouche State Park biegen wir auf die Straße No. 1 nach Ely ab. Hier beginnt ein Abstecher nach Norden in die unwegsamen Gefilde der Boundary Waters Canoe Wilderness, ein Wald- und Wasserparadies für erprobte Kanufahrer und Einsamkeitsenthusiasten (→ S. 96 und → Sport und Freizeit, S. 25).

Von der weglosen Boundary Waters Canoe Area Wilderness geht es auf Minnesotas gut ausgebauten Highways wieder südwärts. Endpunkt der Route ist im rund 400 km entfernten **Minneapolis** (→ S. 64), das wir via Interstate 35 South erreichen.

Entlang der Ufer des Lake Superior befindet sich die Apostle Islands National Lakeshore (→ S. 63), ein idealer Ort zum Kajakfahren und Segeln.

Routen und Touren 91

Wisconsins und Minnesotas Landschaften und Städte – Von Chicago nach Minneapolis

Charakteristik: Tour durch Wisconsin zur Großstadt Milwaukee (140 km), der Door Peninsula (Nordspitze insges. 422 km), zurück über Manitowoc nach Madison (779 km); im Tal des Wisconsin River westwärts zum Mississippi River bei Prairie du Chien (940 km); nordwärts durch das Tal des Mississippi bis nach Minneapolis/St. Paul (1260 km); **Länge:** 1260 km; **Dauer:** 6–7 Tage; **Auskunft:** Touristische Informationsbüros von Wisconsin und Minnesota (→ S. 107); **Einkehrmöglichkeiten:** auf der gesamten Wegstrecke; **Karte:** ⇢ Umschlagkarte hinten, b 4–a 3

Chicago ⇢ Madison

Durch stark besiedeltes Umland fahren wir auf der Interstate 94 North von Chicago nach **Milwaukee**. Im Milwaukee Art Museum können wir ein imposantes Spektakel beobachten: das lautlose Auf- und Absenken der von Santiago Calatrava entworfenen gewaltigen Flügelkonstruktion über dem Kunstmuseum. Gleich nebenan bietet sich die Discovery World an, um in die Welt der Wissenschaften einzutauchen. Auch die traditionsreiche Brauerei und die Villa eines Brauereigründers öffnen für Besucher ihre Pforten. Milwaukees unerschütterliche Hinwendung zum Gerstensaft kann man bis zur Mitte des 19. Jh. zurückverfolgen, als verstärkt deutsche Einwanderer in die Stadt strömten.

Modern und nagelneu präsentiert sich dagegen das **Harley-Davidson Museum**, manch einer träumt beim Anblick der glänzenden Motorräder ein Stück des amerikanischen Traums von Freiheit und Abenteuer mit.

Der North Lake Drive nördlich der Stadt führt gemächlich zu Parks und Aussichtspunkten am **Lake Michigan** und bietet einzigartige Panoramen über den riesigen See. Wir lassen den Tag in einer der Kneipen im Historic Third Ward ausklingen oder erleben noch etwas Nervenkitzel im Potawatomi Bingo Casino.

Wer Lust hat, düst mit der Lake Express High Speed Ferry über den Lake Michigan nach **Muskegon** oder macht einen Abstecher in das malerische **Cedarburg** nördlich von Milwaukee. Dort laden entlang der Washington Avenue mehrere Antiquitätengeschäfte zum Einkaufsbummel ein, und im Cedar Creek Settlement findet man in Töpferei und Schmiede handgearbeitete Souvenirs »made in Wisconsin«. Für das leibliche Wohlergehen sorgt die Cedar Creek Winery mit dem »Cranberry Blush« und anderen Wisconsin-Weinen.

Dann folgen wir der Route nordwärts zur **Door County Peninsula**, am schönsten auf der Interstate 43 durch das vornehmlich landwirtschaftlich geprägte Umland. Hier kann man tief durchatmen und alles Großstädtische hinter sich lassen, wenn man in die Idylle des Door County eintaucht und die Landstraßen der Halbinsel abfährt. Wir bleiben nicht nur auf der Hauptstraße SR 42, sondern wagen uns auf die kleinen Nebenstraßen, welche die Gegend wie ein Netz durchziehen. Anfang Mai verzaubern Hunderttausende Osterglocken die Landschaft, in der zweiten Monatshälfte hüllen Kirschplantagen alles in eine weiße Blütenpracht. Im Sommer kann man Kirschen und anderes Obst kaufen, in den frühen Herbstmonaten werden die Trauben für die hervorragenden Weine der Door Peninsula geerntet. Entzückende kleine Städte wie **Sturgeon Bay** mit seinem Maritime Museum oder noch winzigere Ortschaften wie **Ephraim** und **Fish Creek** bieten hübsche Ausblicke auf den See, Zugänge zu den Ufern, dazu gemütliche Restaurants und Cafés sowie reizende Hotels oder Bed & Breakfasts. Lassen Sie sich einen der berühmten Door County Fish Boils nicht entgehen, wenn der aus dem Lake Michigan gefangene Weißfisch in dicken Kesseln über dem offenen Feuer gekocht wird. Ein Ausflug mit der kleinen Fähre zu der der Nordspitze der Door Peninsula vorgelagerten Insel **Washington Island** ist wie eine Zeitreise in eine Epoche, in der das Leben noch einen Schlag geruhsamer ablief.

Mit derlei Eindrücken geht es ab Manitowoc auf dem US Hwy. 151 quer durch das Land am Lake Winnebago vorbei nach **Madison**.

Madison ···⟩ Minneapolis/St. Paul

Bescheiden in ihrem Wesen, aber mit bemerkenswertem Flair begrüßt die Hauptstadt Wisconsins ihre Besucher. Das State Capitol, imposant und weiß auf einem Hügel gelegen, dominiert das Stadtbild. Von der Aussichtsterrasse schweift der Blick über das überschaubare Stadtgebiet zwischen Lake Mendota und Lake Monona. Anschließend bummeln wir über die mit Bäumen bestandene State Street oder essen dort in einem der zahlreichen kleinen Restaurants, bevor wir den Nachmittag oder gar einen der spektakulären Sonnenuntergänge über dem **Lake Mendota** auf der Memorial Union Terrace genießen. Das Chazen Museum genießt wegen seiner Kunstschätze aus rund 2000 Jahren unter Madisons Museen einen besonderen Ruf.

Auf der Weiterfahrt ändert sich das landschaftliche Umfeld, auf dem US Hwy. 14 gelangt man von Madison schnell in das grüne Hügelland **Wisconsins**. Bei Spring Green wechseln wir auf die State Road 60 und folgen den Windungen der Straße durch das grüne Tal des Wisconsin River, der sich südlich von Prairie du Chien in den Mississippi River ergießt. Der oberhalb des Zusammenflusses gelegene, bewaldete Wyalusing State Park bietet wunderbare Möglichkeiten zum Picknicken und Campen – naturgemäß mit herrlichen Aussichten auf die grüne Idylle.

Ab Prairie du Chien geht es auf der landschaftlich reizvollen State Road 35 North in Richtung La Crosse. Von nun an bleiben wir dem Lauf des Mississippi River treu und fahren nordwärts. Bei **La Crosse** wechseln wir die Seiten und auch die Bundesstaaten und sind nunmehr auf der westlichen Uferseite in **Minnesota** unterwegs. Auf dieser Strecke führt der US Hwy. 61 zu einigen interessanten Kleinstädten.

Im adretten Winona an einer lieblichen Biegung des Mississippi River erwarten den Besucher gepflegte viktorianische Architektur mit zahlreichen Buntglasfenstern sowie das Minnesota Marine Art Museum zur Kunst und Schifffahrt auf dem großen Strom.

Wabasha präsentiert sich als typische »American Small Town« mit ihrer breiten Hauptstraße, an der sich Häuser mit gründerzeitlichen Fassaden aneinander reihen, hinter denen kleine Geschäfte und Restaurants ihre Waren und Speisen anbieten. Aushängeschild des Ortes ist das am Mississippi angesiedelte moderne National Eagle Center, ein Schutzzentrum für die kranken und verletzten Wappenvögel der USA.

Der US Hwy. 61 führt uns weiter ins freundliche **Red Wing** mit historischem Ortskern und blumengeschmückten Backsteinfassaden. Töpferwaren und Schuhe sind die Markenzeichen dieses Städtchens.

Minneapolis/St. Paul ···⟩
Dalles of the Saint Croix River

Dann nähern wir uns auf dem US Hwy. 61 der Doppelstadt **Minneapolis**, der größten Stadt des Bundesstaates Minnesota, und ihrer Schwesterstadt **St. Paul**, der Hauptstadt des Staates Minnesota, zu denen sich immer mehr die Stadt Bloomington südlich von Minneapolis gesellt. Der

Routen und Touren

junge **Mississippi River**, der aus den weiten Wäldern und Seen des nördlichen Minnesota stammt, stürzt sich im Stadtzentrum von Minneapolis übermütig über seinen einzigen Wasserfall, die 5 m hohen St. Anthony Falls. Bereits seit der Zeit nach dem Sezessionskrieg wurden sie zur Gewinnung von Wasserkraft gezähmt. Diverse Aussichtspunkte ermöglichen in Downtown Minneapolis weite Blicke über den Flusslauf und die Brücken der Stadt. Die Fußgängern und Radfahrern vorbehaltene Stone Arch Bridge mit ihren wohlgeformten Bögen verbindet die Innenstadt mit dem gegenüberliegenden Flussufer. Am Brückenende liegen die Mississippi-Schleusen.

Kulturell bieten Minneapolis und St. Paul eine große Vielfalt, vom Minneapolis Institute of Arts und dem Walker Art Center bis zum mächtigen State Capitol, der beeindruckenden Cathedral of St. Paul und dem populären Science Museum of Minnesota in St. Paul.

Zur **Mall of America**, einem der bekanntesten Ziele von Minneapolis, bringt uns die I-494. Südlich der Stadt erreicht sie das Einkaufsparadies nahe dem internationalen Flughafen. Hier kann man sich problemlos einen ganzen Tag lang aufhalten, in den Geschäften, Bars und Restaurants, im Vergnügungspark und dem malleigenen Aquarium. Wer nah dran bleiben möchte: Bloomington bietet zahlreiche moderne Hotels in der Nähe der Mall.

In die üppige Natur außerhalb der dicht besiedelten Stadtregionen führt der Ausflug zu den **Dalles of the Saint Croix River**. Von den dort verkehrenden Ausflugsbooten erlebt man einen der größten Mississippi-Zuflüsse im Norden – oder man beobachtet aus der Vogelperspektive der Uferfelsen, wie die Dampfer gemächlich durch die Flussschlucht schippern. Ideale Zuschauerplätze hierfür sind Shadow Rock oder Angle Rock am Pothole Trail auf der Minnesota-Seite.

In den waldreichen Parks der Umgebung lässt sich sehr schön wandern. Im Wisconsins Interstate State Park auf dem gegenüberliegenden Ufer endet offiziell der **Ice Age National Scenic Trail**. Den St. Croix River kann man auch mit Kanus ein Stück flussabwärts paddeln.

Einen ausführlichen Zwischenstopp lohnt die Mall of America (→ S. 66) bei Minneapolis – sie ist ein Shoppingparadies, das seinesgleichen sucht.

Entlang des Ice Age Trail – Eine Auswahl besonders schöner Wandergebiete

> **Charakteristik:** verschiedene, vielseitige Wanderungen durch Wald und Feld; am Weg zahlreiche Kleinstädte und sehenswerte Naturparks; **Länge:** zwischen 1 km (Kurzwanderung) und 22 km (Ice Age Trail) **Dauer:** jeweils Tagesausflüge, wahlweise auch Mehrtageswanderungen; **Auskunft:** Trail Alliance; 2110 Main St.; Cross Plains, WI 53528; Tel. 6 08/7 98-44 53, 8 00/2 27-00 46; www.iceagetrail.org; Ice Age National Scenic Trail/National Park Service, 700 Rayovac Dr., Suite 100; Madison, WI 53711; Tel. 6 08/4 41-56 10; www.nps.gov/iatr; Schriftliche Informationen über den Ice Age Trail bieten der »Ice Age Trail Atlas« (35 $) und der »Ice Age Trail Companion Guide« (20 $), die u. a. über den Online Shop der Ice Age Trail Alliance zu beziehen sind; **Einkehrmöglichkeiten:** in den Ortschaften auf der gesamten Wegstrecke; **Karte:** ···→ Umschlagkarte hinten, a/b 3

Wie ein loses Band verbinden die einzelnen Segmente des Ice Age Trail Dörfer, Städte und Landschaften quer durch Wisconsin. Und wie Perlen reiht sich an dem eines Tages vielleicht einmal zusammenhängenden Verlauf des Fernwanderwegs eine Vielzahl an Seen, Teichen und Flüssen auf, die schon die alten Chippewa-Indianer zu dem Namen »ouisc013in«, das heißt »das Land, wo sich die Gewässer sammeln«, inspirierten.

Mit vollem Namen heißt der Weg **Ice Age National Scenic Trail**, und sein Lauf folgt der südlichen Endmoräne des letzten eiszeitlichen Gletschers, der Wisconsin bis vor 10 000 Jahren bedeckte. In einem großen, zungenförmigen Bogen von insgesamt 1600 km soll der komplette Fernwanderweg von der Door Peninsula (→ S. 55) im Nordosten Wisconsins südwärts bis fast zur Grenze nach Illinois und dann nordwärts nach St. Croix Falls laufen. Sein westlicher Endpunkt liegt im Interstate Park an der Grenze der Bundesstaaten Wisconsin und Minnesota (→ S. 93).

Nachfolgend finden Sie einige Vorschläge für Wanderungen in besonders schönen Gebieten entlang des Ice Age Trail:

Sturgeon Bay ···→ Algoma

Der Ice Age Trail beginnt bei **Sturgeon Bay** (Door County) im Potawatomi State Park, wo wir zur Einstimmung einen 22 m hohen Aussichtsturm erklimmen. Danach wandern wir ca. 11 Kilometer auf dem Ice Age Trail, bevor der Fernwanderweg südlich von Sturgeon Bay in den 29 km langen Ahnapee State Trail mündet. Er führt auf einer ehemaligen, heutzutage auch von Radfahrern viel benutzten Eisenbahntrasse durch Farmlandschaften und Wälder bis **Algoma**, wo er nach ca. 40 Kilometern endet.

Wandergebiet Kettle Moraine State Forest

70 km nördlich von Milwaukee liegt der nördliche Abschnitt (North Unit) des **Kettle Moraine State Forest** mit einem weiteren Trailabschnitt (www.dnr.state.wi.us/LAND/parks/specific/kmn). Unser erster Anlaufpunkt ist das **Henry S. Reuss Ice Age Visitor Center** an der State Road 67, 1 km westlich von Dundee (Tel. 9 20/5 33-83 22; im Sommer Mo–Fr 8.30–16, Sa, So 9.30–17 Uhr). Dort werden ein 20-minütiger Film und Ausstellungen zum Ice Age Trail, der den Park auf einer Länge von 50 km durchquert, gezeigt. Hier gibt es auch nähere Hinweise zu den Wegsegmenten, d. h. welche man zu den jeweiligen Jahreszeiten und vorherrschenden Wetterbedingungen bewandern kann, wie weit man wandert und wo man am besten »einsteigt«. Parallel zum

Fernwanderweg verläuft der Kettle Moraine Scenic Drive, von dem aus wir die Zugänge zum Trail sowie Camping- und Picknickplätze erreichen.

Wandergebiet Devil's Lake State Park

Ein idealer Appetithappen für den Wanderer auf dem Ice Age Trail ist der dicht bewaldete **Devil's Lake State Park** in der Biegung des Wisconsin River, rund 60 km nördlich der Hauptstadt Madison. Zu erreichen ist er via State Road 113 südlich von Baraboo. Das Visitor Center ist im Sommer täglich von 8 bis 23 Uhr geöffnet (Tel. 6 08/3 56-83 01; www.devilslake wisconsin.com). Dort bekommt man Informationen über die beiden Badestrände auf der Nord- und Südseite des idyllischen Sees, die fast 50 km Wanderpfade des Parks inklusive des großen Fernwanderwegs, der den Ostteil des Parks auf einer Länge von 22 Kilometern berührt. Auch Karten

Bei den Wanderungen entlang des Ice Age Trail lassen sich Fichtenmoore und Sümpfe, aber auch Gletscherseen oder alte Gesteinsformationen entdecken.

und detaillierte Beschreibungen des Ice Age Trail sind erhältlich. »Aussichtsreichste« Kurzwanderung, besonders in den farbenprächtigen Herbstwochen, ist der 2 km lange, mittelmäßig schwierige, teils sogar asphaltierte **East Bluff Trail**. Genauso lohnenswert erweist sich der kurze, aber steile Anstieg zum nur 500 m entfernten **Balanced Rock**, von dem man insgesamt drei relativ einfache Kilometer über Devil's Doorway und Grottos Trail zurückwandern kann. Die sehenswerten Felsklippen der East Bluffs sind ein Eldorado für Sportkletterer. Nichtkletterer erreichen die Felsen über den CCC Trail oder den Potholes Trail, die beide nur 500 m lang, aber recht steil sind.

Im Devil's Lake State Park kann man sich außerdem ein Kanu, Kajak oder Ruderboot ausleihen (Tel. 6 08/ 3 56-33 81) und auf dem See kreuzen, die Angelausrüstung mietet man am besten gleich mit. Übernachtungsplätze finden sich auf den drei Campingplätzen des Parks oder im attraktiven Devil's Head Resort (6330 Bluff Rd., Merrimac; Tel. 6 08/4 93-22 51, 8 00/4 72-66 70; www.devilshead resort.com; 247 Zimmer ●●●), das im Winter zum Zentrum eines Skigebietes wird.

Devil's Lake State Park ···▷ Wisconsin Dells

Wir verlassen den Park mit dem Auto und gelangen 25 km nördlich des Devil's Lake State Park zu den Wisconsin Dells. Durch die schmalen **Upper Dells** (»dell« = enges Tal) führen rasante Jetboot-Fahrten und andere, etwas geruhsamere Bootstouren auf dem Wisconsin River, die unterwegs attraktive Sandsteinformationen passieren. Zu beiden Seiten des Flusses ist mit den Jahren Wisconsins bunteste Touristenstadt entstanden (www. dells.com). Weitere Informationen: Wisconsin Dells Visitor & Convention Bureau; 701 Superior St.; Tel. 6 08/ 2 54-46 36, 8 00/2 23-35 57; http:// wisdells.com.

Kanutouren im nördlichen Minnesota – Boundary Waters Canoe Area Wilderness

Charakteristik: verschiedene Kanutouren in die einzigartige, zivilisationslose Wildnis im nördlichen Minnesota; Paddeln auf zahllosen Seen und Flussläufen; **Länge:** 16–20 km; **Dauer:** 1–4 Tage; **Auskunft:** Boundary Waters Canoe Area Wilderness; Tel. 8 77/5 50-67 77; www.bwca.cc; Ely Chamber of Commerce; 1600 E. Sheridan St.; Ely, MN 55731; Tel. 2 18/3 65-61 23, 8 00/7 77-7281; www.ely.org; Superior National Forest, Kawishiwi Ranger District, 1393 Hwy. 169; in Ely, MN 55731; Tel. 2 18/3 65-76 00; www.fs.fed.us/r9/forests/superior; **Einkehrmöglichkeiten:** in Ely, in der BWCAW keinerlei Einkehrmöglichkeiten; **Karte:** ⸺⟶ Umschlagkarte hinten, a 1

Die Boundary Waters Canoe Area Wilderness (BWCAW) im nördlichen Minnesota bildet gemeinsam mit dem angrenzenden **Quetico Provincial Park** in Ontario (Kanada) ein wahres Kanufahrer-Eldorado. Die 240 km lange Seenplatte besitzt keine tückischen Stromschnellen, deshalb stellen Kanutouren zu zweit selbst Anfänger vor keinerlei technische Probleme. Man kann tagelang durch die verschlungenen Wasserwege zwischen Hunderten von Seen paddeln und weder Häuser, Straßen noch andere Zivilisationsspuren sehen, es gibt hier rund 2400 km bekannte Kanurouten. Unterwegs wirft man die Angel ins Wasser und lauscht den geheimnisvollen Rufen der »Loons«, der markanten schwarz-weißen Seetaucher. Camping auf einsamen, bewaldeten Inseln ist ein unvergessliches Erlebnis, doch nur an markierten Stellen erlaubt. Zur detaillierten Planung und Ausstattung einer Kanutour wenden Sie sich am besten an einen der unten genannten Outfitter.

Nachfolgend finden Sie einige Vorschläge für besonders schöne Kanutouren:

Lake I Landing ⸺⟶ Farm Lake

Ein reizvoller Tagestrip ist die Tour von **Lake I Landing** zum 20 km entfernten **Farm Lake**, unterwegs gibt es u. a. Adlerhorste und grasende Elche zu sehen. Ausgangs- und Endpunkt der Route können jeweils mit dem Auto angefahren werden.

Prairie Portage ⸺⟶ Kekekabic Lake

In der Nähe der kanadischen Grenzstation **Prairie Portage** beginnt eine attraktive Dreitagestour. Der 16 km lange Trip mit neun kurzen Portagen führt über Knife Lake zum **Kekekabic Lake**, wo über 100 m hohe Felswände steil aus dem Wasser ragen. Für diese Tour lässt man sich am besten auf dem Moose Lake bis Prairie Portage transportieren. Die Fahrt erspart jeweils 13 km Paddelstrecke auf dem einzigen See in der Umgebung, auf dem Motorboote erlaubt sind.

Organisation und Preise

Das Städtchen **Ely**, das auch »Canoe Capital of the Upper Midwest« genannt wird, ist Ausgangspunkt für Touren in die BWCAW und in den Quetico Provincial Park. Wegen der Zugangsbeschränkung in die Naturparks sind Mehrtagestrips mit Starts am Wochenende schnell ausgebucht. Ideale Kanuzeit ist der September mit wenigen Stechmücken und akzeptablen Badetemperaturen. Für einen Tagestrip beginnen die Preise ab ca. 75 $ pro Person einschließlich Vollverpflegung und kompletter Ausrüstung (Aluminiumkanu). Einige Ausrüster (»Outfitters«) sind direkt in Ely, andere z. B. auch am Moose Lake 30 km östlich von Ely angesiedelt. Durchwegs verfügen sie neben dem Kanu- und Ausrüstungsverleih über Übernachtungsquartiere (ab 20 $ pro Person in einfachen Mehrbettzimmern bis zu komfortablen Hütten ab ca. 70 $) sowie ein einfaches Restaurant. Die erfahrenen und meist langjährig ansässigen Outfitters sorgen für die Zusammenstellung und Ausrüstung von Kanutouren und stellen meist auch die Permits (Genehmigungen) aus.

Permit für Boundary Waters Canoe Area Wilderness

Die **Permits**, Genehmigungen für die Paddeltouren in der BWCAW, sind von Mai bis September notwendig und gelten immer für einen bestimmten Eintrittsbereich. Vorreservierungen kosten 32 $ (1 Person, mindestens 2 Übernachtungen) plus 12 $ Gebühren. Das kann über die Webseite, per Telefon, E-Mail oder Fax geschehen. Bei der Reservierung geben Sie den geplanten Einsatzpunkt (d. h. den See oder Trail), das voraussichtliche Ankunfts- und Abfahrtsdatum im und vom BCACW sowie Namen, Adresse und Telefonnummer an. Nicht fehlen dürfen die Angaben zu Anzahl der Teilnehmer und Boote sowie die den Permit ausgebende Stelle, z. B. die genannten Kanuausrüster, und die Art der Zahlung. Abgeholt werden die Permits dort, wo sie bestellt wurden (Reservierungen: Tel. 8 77/5 50-67 77; www.bwca.cc).

Ausrüster und Kanuverleih

Voyageur North Outfitters: Seit 30 Jahren Experten für die Planung von Kanutouren in die BWCAW. Verleih von Kanus und Zubehör, Planung nach Wunsch für Verpflegung, Routen etc. Auch geführte Touren, Angelausflüge und Shuttle-Dienste zu entfernten Seen. Übernachtungen in Mehrbettzimmern. 1829 E. Sheridan St. in Ely; Tel. 2 18/3 65-32 51, 8 00/8 48-55 30; www.vnorth.com.

Spirit of the Wilderness Outfitters: Kenner der Region mit komplettem, kompetentem Service und Planung für Kanutouren und Exkursionen im Boundary-Waters-Gebiet. Auch geführte Touren. Einfache Übernachtungsmöglichkeiten. 2030 East Sheridan St. in Ely; Tel. 2 18/3 65-31 49, 8 00/9 50-27 09; www.elycanoetrips.com.

Canadian Border Outfitters: Langjähriger Outfitter am Moose Lake, der über ein reichhaltiges Ausrüstungssortiment verfügt und ebenso Tourenplanung und -ausstattung nach Wunsch komplett übernimmt. Übernachtungen. 24 km nordöstl. von Ely. 14635 Canadian Border Rd.; Tel. 2 18/3 65-58 47, 8 00/2 47-75 30; www.canoetrip.com.

Kanus und sonstiges Zubehör kann man bei verschiedenen Ausrüstern ausleihen. Dort bekommt man auch die »permits«, ohne die man nicht aufs Wasser darf.

Wissenswertes über Chicago und die Großen Seen

Der große Architekt Frank Lloyd Wright sagte über die Metropole Chicago: »Irgendwann wird Chicago die letzte schöne Großstadt der Welt sein.« Urteilen Sie selbst, ob er mit seiner Einschätzung recht hatte!

Wie Sie nach Chicago und von dort zu den Großen Seen reisen, was vor Ort wichtig ist – all das und weitere nützliche Informationen finden Sie auf den folgenden Serviceseiten.

Jahreszahlen und Fakten im Überblick

1615
Der Franzose Samuel de Champlain gelangt als einer der ersten Europäer zum Lake Huron. Zur gleichen Zeit unternimmt sein Landsmann Etienne Brûlé Reisen zwischen Lake Huron und Lake Erie.

1634
Der Franzose Jean Nicolet überquert als erster Europäer den Lake Michigan, er kommt bis nach Wisconsin.

1678
René-Robert Cavalier Sieur de la Salle und Louis Hennepin erreichen als erste Europäer die Niagarafälle.

1682
Sieur de la Salle gelangt von den Großen Seen über den Mississippi bis zu dessen Mündung in den Golf von Mexiko. Er nimmt die Regionen beiderseits des Mississippi unter dem Namen Louisiana für Frankreich in Besitz.

1701
Der französische Entdecker Antoine de La Mothe Cadillac gründet Detroit.

1763
Indianer unter Führung des Ottawa-Häuptlings Pontiac erobern die britischen Forts an den Großen Seen. Lediglich Fort Pitt (Pittsburgh), Fort Niagara und Fort Detroit können dem Ansturm standhalten. Drei Jahre später unterzeichnet Pontiac einen Friedensvertrag.

1796
Moses Cleaveland, Rechtsanwalt aus Connecticut, gründet die nach ihm benannte Stadt.

1812–1814
Im Britisch-Amerikanischen Krieg wechselt das Gebiet um den Niagara River mehrfach den Besitzer.

1830
Um das Fort Dearborn wird der Ort Chicago gegründet.

1832
Häuptling Black Hawk der Sauk-Indianer stimmt Friedensverträgen nicht zu, in denen andere Stammeshäuptlinge auf ihr Siedlungsgebiet östlich des Mississippi verzichtet hatten. Er greift zu den Waffen, muss sich aber der weißen Übermacht beugen.

1848
Die Chicago Board of Trade, die erste Warenterminbörse der Welt, eröffnet in Chicago.

1862
Der letzte Indianeraufstand im Bereich der Großen Seen: Hungernde Santee-Sioux, die vertraglich zugesicherte Lebensmittellieferungen nicht erhalten, töten über 400 weiße Siedler im Gebiet um Neu-Ulm bei Minneapolis/St. Paul. Die US-Armee schlägt die Indianer unter Häuptling Little Crow vernichtend.

1870
In Cleveland gründet John D. Rockefeller die Standard Oil Company.

1871
Beim Großfeuer in Chicago wird ein Teil der Stadt zerstört. Rund 90 000 Einwohner werden obdachlos.

1885
In Chicago entsteht das zehnstöckige Home Life Insurance Building als Prototyp einer revolutionären neuen Bautechnik mit einem inneren Skelett aus Stahlträgern – der erste Wolkenkratzer war entstanden.

1886
Anschlag auf dem Haymarket Square. Nach viertägigem Arbeiterstreik in

Geschichte

Chicago explodiert eine Bombe zwischen aufmarschierenden Polizisten.

1893
Weltausstellung in Chicago, der mit 1,5 Mio. Einwohnern zweitgrößten Stadt der USA. Kulinarische Neu-Kreation: der Chicago Hot Dog.

1894
Der Streik in der Pullman Palace Car Company in Illinois weitet sich zu einem großen Eisenbahnerstreik mit landesweiter Unterstützung aus. Einsatz von Bodentruppen.

1896
In Detroit baut Henry Ford sein erstes Auto.

1908
In Detroit wird General Motors gegründet, heute der größte Automobilkonzern der Welt.

1913
Henry Ford führt die Automobil-Fließbandproduktion ein.

1920–1933
Während der Prohibition liegen die USA offiziell trocken, aber Gangstersyndikate brennen illegal Alkohol. Al Capone und John Dillinger beherrschen die Szene.

1929
Der große Börsenkrach am 29. Okt. läutet den Beginn der Weltwirtschaftskrise ein.

1932
Al Capone, genannt »Scarface« (Narbengesicht), wird wegen Steuerhinterziehung zu elf Jahren Gefängnis verurteilt. Andere Straftaten können ihm nicht nachgewiesen werden.

1967
Bei einer der schlimmsten Rassenunruhen der US-Geschichte kommen in Detroit 38 Menschen ums Leben.

1969
Fertigstellung des John Hancock Tower.

1974
Der Sears Tower, das seinerzeit welthöchste Gebäude, wird in Chicago fertiggestellt.

1992
In Minneapolis wird die Mall of America, das größte Einkaufs- und Vergnügungszentrum der USA, eingeweiht.

2001
Nach einem nie da gewesenen äußerst knappen Wahlausgang tritt der neue Präsident George W. Bush sein Amt an.

2005
Beginn der zweiten Amtsperiode von George W. Bush.

2008
Nach einem begeisterndum Sieg wird im November der erst 47 Jahre alte demokratische Senator Barack Obama aus Chicago, Illinois, der designierte neue US-Präsident. Der Sohn eines schwarzen Kenianers und einer weißen Amerikanerin ist der erste Präsident der USA mit afroamerikanischer Abstammung.

2009
Barack Obama tritt am 20. Januar als 44. US-Präsident sein Amt an.
   Im Mai eröffnet der 300 Mio. Dollar teure neue Flügel des Art Institute of Chicago. Im Juni erfolgt die Umbenennung des Chicagoer Sears Tower in Willis Tower, nach seinem neuen Hauptmieter.
   Infolge der Weltwirtschaftskrise ist die Zahlungsunfähigkeit des Autoherstellers General Motors (GM) unvermeidlich geworden; am 1. Juni meldet GM Insolvenz an. Die Insolvenz des Traditionsunternehmens ist die größte in der Industriegeschichte.

Nie wieder sprachlos

Wichtige Wörter

ja	yes
nein	no
danke	you're welcome, my pleasure
Wie bitte?	Pardon?
Ich verstehe nicht.	I don't understand you.
Entschuldigung	Sorry, I beg your pardon, excuse me
Hallo	Hello
Guten Morgen	Good morning
Guten Tag	Good afternoon
Guten Abend	Good evening
Auf Wiedersehen	goodbye
Ich heiße ...	My name is ...
Ich komme aus ...	I'm from ...
– Deutschland.	– Germany.
– Österreich.	– Austria.
– der Schweiz.	– Switzerland.
Wie geht's?	How are you?
Danke, gut.	Thanks, fine.
wer, was, welcher	who, what, which
wann	when
wie viel	how many, how much
wie lange	how long
Wo ist ...?	Where is ...
Sprechen Sie deutsch?	Do you speak German?
heute	today
morgen	tomorrow
gestern	yesterday

Zahlen

null	zero
eins	one
zwei	two
drei	three
vier	four
fünf	five
sechs	six
sieben	seven
acht	eight
neun	nine
zehn	ten
einhundert	one hundred
eintausend	one thousand

Wochentage

Montag	Monday
Dienstag	Tuesday
Mittwoch	Wednesday
Donnerstag	Thursday
Freitag	Friday
Samstag	Saturday
Sonntag	Sunday

Unterwegs

rechts	right
links	left
geradeaus	straight ahead
Wie weit ist es nach ...?	How far is it to ...
Wie kommt man nach ...?	How do I get to ...?
Wo ist ...	Where is ...
– die nächste Werkstatt?	– the nearest garage?
– der Bahnhof?	– the station?
– die nächste U-Bahn-Station?	– the nearest subway station?
– der Flughafen?	– the airport?
– die Touristeninformation?	– the tourist information?
– die nächste Bank?	– the nearest bank?
– der nächste Geldautomat?	– the nearest ATM?
– die nächste Tankstelle?	– the nearest gas station?
Bitte voll tanken!	Fill up please.
Normalbenzin bleifrei	Regular gas unleaded
Ich möchte ein Auto/Fahrrad mieten.	I would like to rent a car/a bike.
Wir hatten einen Unfall.	We had an accident.
Wo finde ich ...	Where can I find ...
– einen Arzt?	– a doctor?
– eine Apotheke?	– a drugstore?
Eine Fahrkarte nach ... bitte!	A ticket to ... please.
Ich möchte Geld wechseln.	I'd like to change money.

Übernachten

Ich suche ein Hotel.	I'm looking for a hotel.
Ich suche ein Zimmer für ... Personen.	I'm looking for a room for ... people.
Haben Sie noch Zimmer frei ...	Do you have any vacancies?
– für eine Nacht?	– for one night?
– für zwei Tage?	– for two days?
– für eine Woche?	– for one week?
Ich habe ein Zimmer reserviert.	I made a reservation for a room.
Wie viel kostet das Zimmer ...	How much ist the room ...
– mit Frühstück?	– including breakfast?
– mit Halbpension?	– half board?
Kann ich das Zimmer sehen?	Can I have a look at the room?
Ich nehme das Zimmer.	I'll take the room.
Kann ich mit Kreditkarte zahlen?	Do you accept credit cards?
Kann ich bar zahlen?	Do you accept cash?
Ich möchte mich beschweren.	I'd like to make a complaint.
funktioniert nicht	doesn't work

Essen und Trinken

Die Speisekarte bitte!	Could I see the menu please?
Die Rechnung bitte!	Could I have the check please?
Ich hätte gern ...	I'd like to have ...
Auf Ihr Wohl!	Cheers!
Wo finde ich die Toiletten (Damen/Herren)?	Where are the restrooms (ladies/gents)?
Kellner/–in	waiter/waitress
Frühstück	breakfast
Mittagessen	lunch
Abendessen	dinner
Ich esse kein(en) Fleisch/Fisch.	I don't eat meat/fish.

Einkaufen

Wo gibt es ...?	Where do I find ...?
Haben Sie ...?	Do you have ...?
Wie viel kostet ...?	How much is ...?
Das ist zu teuer.	That's too expensive.
Das gefällt mir/ gefällt mir nicht.	I like it/ don't like it.
Ich nehme es.	I'll take it.
Geben Sie mir bitte 100 Gramm/ ein Pfund ...	I'd like to have one hundred gramm/ one pound ...
geöffnet/ geschlossen	open/closed
Bäckerei	bakery
Kaufhaus	department store
Markt	market
Metzgerei	butchery
Lebensmittelgeschäft	grocery
Post	post office
Briefmarken für einen Brief/ eine Postkarte nach ...	stamps for a letter/postcard to ...

Gesundheit

Krankenhaus	hospital
Rettungswagen	ambulance
Fieber	fever
Ich habe Bauchschmerzen/ Kopfschmerzen/Zahnschmerzen/ Durchfall	I have a stomachache/a headache/ a toothache/ diarrhea
Hilfe!	Help!

Ämter, Banken, Zoll

Haben Sie etwas zu verzollen?	Do you have anything to declare?
Ich habe meinen Pass/meine Geldbörse verloren.	I've lost my passport/ my wallet.
Ich möchte einen Reisecheck einlösen.	I'd like to cash a traveler's check.

Sprachführer

Die wichtigsten kulinarischen Begriffe

A
almonds: Mandeln
appetizer: Vorspeise
asparagus: Spargel

B
bacon: Speck
bagel: hartes (jüdisches) Brötchen
beans: Bohnen
beer on tap: Bier vom Fass
bisque: Hummer- oder Krebssuppe
boiled: gekocht
bread: Brot
broiled: gegrillt
bun: weiches Brötchen
burrito: mit Reis und Fleisch oder Gemüse gefüllter Maisfladen

C
cabbage: Kohl
cake: Kuchen, Torte
candy: Bonbons, Süßigkeiten
casserole: Eintopfgericht
cauliflower: Blumenkohl
cereal: Getreideflocken
chanterelles: Pfifferlinge
cheese: Käse
– cake: Käsekuchen
chicken: Huhn
chop: Kotelett
chowder: dicke Suppe von Fisch, Fleisch oder Schalentieren
clams: Muscheln
cod: Kabeljau
coffee: Kaffee
cole slaw: Krautsalat
corn: Mais
crab: Taschenkrebs
crawfish: Krebs
crayfish: Flusskrebs
cucumber: Gurke
cutlet: Schnitzel

D
decaf: koffeinfreier Kaffee
dessert: Nachtisch
domestic beer: einheimisches Bier
duck: Ente
dumplings: Klöße

E
egg: Ei
– sunny side up: Spiegelei
entrée: Hauptgang (in Frankreich Vorspeise)

F
fork: Gabel
french fries: Pommes frites
fried: in der Pfanne gebraten
– eggs: Spiegeleier
– potatoes: Bratkartoffeln
fruit: Obst
– juice: Fruchtsaft

G
game: Wild
garlic: Knoblauch
goose: Gans
grape: Weintraube
grilled: gegrillt

H
haddock: Schellfisch
halibut: Heilbutt
ham: Schinken
herbal tea: Kräutertee
horseradish: Meerrettich

K
kidneys: Nieren
knife: Messer
knuckels: Haxe

L
lamb chop: Lammkotelett
leek: Lauch, Porree
leg of lamb: Lammkeule
lemon: Zitrone
lentils: Linsen
lettuce: Kopfsalat
liver: Leber
lobster: Hummer
loin: Lendenstück

M
mashed potatoes: Kartoffelbrei
meat: Fleisch
– balls: Fleischklößchen

medium rare: halb durchgebraten
minced meat: Hackfleisch
muffin: kleines, rundes Gebäck
mushrooms: Pilze
mussels: Miesmuscheln
mustard: Senf

N
night cap: Schlummertrunk, letzte Bestellung
noodles: Nudeln
nuts: Nüsse

O
onions: Zwiebeln
orange juice: Orangensaft
oysters: Austern

P
pancake: Pfannkuchen
partridge: Rebhuhn
pastry: Gebäck, Kuchen
peach: Pfirsich
pear: Birne
peas: Erbsen
pepper: Pfeffer
pie: Pastete, Torte
pineapple: Ananas
pork: Schweinefleisch
porridge: Haferbrei
porterhouse steak: großes Steak mit Filetstück und Knochen
potatoes: Kartoffeln
poultry: Geflügel
prawn: Garnele
prunes: Backpflaumen
pumpkin: Kürbis

R
rabbit: Kaninchen
radish: Radieschen, Rettich
raisins: Rosinen
rare: fast roh
rarebit: überbackener Toast
raspberries: Himbeeren
roast: Braten
roasted: im Ofen gebraten
roll: Brötchen

S
salmon: Lachs
salt: Salz
sausage: Wurst
scrambled eggs: Rühreier
sea-food: Meeresfrüchte
sirloin steak: Lendensteak
slice: Scheibe
smoked: geräuchert
snapper: Tiefseefisch
soft boiled egg: weich gekochtes Ei
sole: Seezunge
soup: Suppe
sour cream: saure Sahne
spareribs: Rippchen
spinach: Spinat
spoon: Löffel
steamed: gedämpft
stewed: geschmort
stout beer: dunkles, starkes Bier
strawberries: Erdbeeren
stuffed: gefüllt
sugar: Zucker
sweetbread: Kalbsbries

T
taco: gefüllter Maisfladen
tart: Törtchen
T-bone steak: Steak mit Filetstück und Knochen
tea: Tee
tenderloin: Filetstück
tomato juice: Tomatensaft
trout: Forelle
tuna fish: Tunfisch
turbot: Steinbutt
turkey: Truthahn
turnips: weiße Rüben
turtle: Schildkröte

V
veal: Kalbfleisch
vegetables: Gemüse
venison: (Rot-)Wild
vinegar: Essig

W
wafers: dünne Waffeln
walnut: Walnuss
whipped cream: Schlagsahne
white cabbage: Weißkohl
wine: Wein
– *by the glass:* offener Wein
– *red wine:* Rotwein
– *white wine:* Weißwein

Nützliche Adressen und Reiseservice

> **AUF EINEN BLICK**
> **Fläche:** Das Gebiet der Großen Seen umfasst die Bundesstaaten
> Illinois (141 000 qkm),
> Michigan (250 500 qkm),
> Minnesota (225 200 qkm),
> Wisconsin (170 000 qkm),
> Pennsylvania (119 290 qkm),
> Ohio (116 100 qkm) und
> Indiana (94 320 qkm), eine Fläche von rund 1,12 Mio. qkm. In dieses Gebiet eingebettet liegen die Großen Seen: Lake Superior (auf dt. »Oberer See«, 82 100 qkm), Lake Huron (59 600 qkm), Lake Michigan (57 800 qkm), Lake Erie (25 745 qkm) und Lake Ontario (18 960 qkm), die in ihrer riesenhaften Ausdehnung wie Meere anmuten.
> **Einwohnerzahl:** Fast 64 Mio. Menschen leben in den Bundesstaaten an den Großen Seen.
> **Sprache:** Die Amtssprache ist generell Englisch.
> **Verwaltungseinheit:** Das US-amerikanische Gebiet der Großen Seen verteilt sich im Wesentlichen auf die Bundesstaaten Illinois, Michigan, Minnesota, Wisconsin, Pennsylvania, Ohio und Indiana sowie ein Stück New York. Die einzelnen Bundesstaaten sind in Counties unterteilt.

ANREISE

Mit dem Flugzeug
Chicagos O'Hare Airport (ORD; www.flychicago.com), der zweitgrößte Flughafen der Welt, wird von allen bedeutenden amerikanischen und europäischen Fluggesellschaften nonstop bedient (u. a. American und United Airlines von Frankfurt, KLM via Amsterdam). Ab Europa werden zudem der Detroit Metropolitan Wayne County Airport (DTW; www.metroairport.com) und der Minneapolis-St. Paul International Airport (MSP; www.mspairport.com) angeflogen. Am Ankunftsflughafen stempelt der »immigration officer« (Grenzbeamte) zunächst die maximal zulässige Aufenthaltsdauer in den Pass (in der Regel drei Monate). Anschließend geht es zum »baggage claim« (Gepäckausgabe) und durch den »customs« (Zoll). Erst danach checken Sie bei Umsteigeverbindungen zum Anschlussflug ein.

Telefonnummern für die Rückflugbestätigung:
Air Canada 8 88/2 47-22 62; www.aircanada.com; **Air France** 8 00/2 37-27 47; www.airfrance.com; **American Airlines**; 8 00/4 33-73 00; www.aa.com; **British Airways** 8 00/2 47-92 97; www.britishairways.com; **Continental Airlines** 8 00/5 25-02 80; www.continental.com; **Delta Air Lines** 8 00/2 21-12 12; www.delta.com; **Icelandair** 8 00/2 23-55 00; www.icelandair.com; **KLM** 8 00/2 25-25 25; www.klm.com; **Lufthansa** 8 00/6 45-38 80; www.lufthansa.com; **Northwest** 8 00/2 25-25 25; www.nwa.com; **Swiss Air** 8 77/3 59-79 47; www.swiss.com; **United Airlines** 8 00/5 38-29 29; www.united.com; **US Airways** 8 00/4 28-43 22; www.usairways.com

Direkt am Chicago O'Hare International Airport erwartet Sie eine moderne Leihwagenflotte von verschiedenen Anbietern, von denen Sie schon von zu Hause einen Wagen gebucht haben sollten. Ohne Auto unterwegs, kann man für den Transfer zur Innenstadt aber auch Taxis oder die praktischen Airport-Shuttle-Busse von Airport Express nehmen (Tel. 3 12/4 54-77 99; www.airportexpress.com; 27 $ Einzelperson, 19 $ pro Person zu zweit), die ihre Ziele ohne Zwischenstopps ansteuern. Chicago O'Hare besitzt eine ausgezeichnete, sichere und preiswerte S-Bahn-Anbindung.

Für 2,25 $ fährt die Blue Line ohne Umsteigen direkt nach Downtown.

AUSKUNFT

Chicago/Illinois
Scheidswaldstr. 73, 60385 Frankfurt/Main; Tel. 0 69/25 53 82 80;
www.wiechmann.de

Great Lakes of North America
Illinois, Indiana, Michigan, Minnesota, Ohio, Ontario, Pennsylvania, Wisconsin
Schwarzbachstr. 32, 40822 Mettmann; Tel. 0 21 04/79 74 51; www.greatlakes.de

Ontario
Sonnenstr. 9, 80331 München; Tel. 0 89/23 66 21-68; www.news-plus.net, www.ontariotravel.net

Illinois: www.enjoyillinois.com; **Indiana**: www.visitindiana.com; **Michigan**: www.michigan.org; **Minnesota**: www.exploreminnesota.com; **New York**: www.iloveny.com; **Ohio**: http://consumer.discoverohio.com; **Pennsylvania**: www.visitpa.com; **Wisconsin**: www.travelwisconsin.com

Botschaften in den USA
Botschaft der Bundesrepublik Deutschland
4645 Reservoir Rd. N.W., Washington DC 20007-1998; Tel. 2 02/2 98-40 00;
www.germany.info

Botschaft der Republik Österreich
3524 International Court N.W., Washington DC 20008; Tel. 2 02/8 95-67 00;
www.austria.org

Botschaft der Schweiz
2900 Cathedral Ave. N.W., Washington DC 20008-3499; Tel. 2 02/7 45-79 00;
www.swissemb.org

Generalkonsulate in den USA
Deutsches Generalkonsulat
676 N. Michigan Ave., Suite 3200; Chicago, IL 60611; Tel. 3 12/2 02-04 80;
www.germany.info

Österreichisches Generalkonsulat
400 N. Michigan Ave., Suite 707; Chicago, IL 60611; Tel. 312/222-1515;
www.bmeia.gv.at

Schweizer Generalkonsulat
737 N. Michigan Ave., Suite 2301; Chicago, IL 60611; Tel. 3 12/9 15-45 00 oder 0061; www.eda.admin.ch

BUCHTIPPS

Sinclair Lewis: Main Street (Manesse, 1996). In diesem bekannten Roman beschreibt der sozialkritische Schriftsteller und Nobelpreisträger aus Minnesota auf schonungslose, satirische Art und Weise den amerikanischen Mittelstand und das Kleinbürgertum im Mittleren Westen.

Saul Bellow: Die Abenteuer des Augie March (Kiepenheuer und Witsch, 2009). Der 1953 im Original erschienene sozialkritische Roman erzählt von dem gleichnamigen jungen Mann, der im jüdischen Viertel Chicagos während der Depressionszeit seine Jugend verbringt und von dort aus aufbricht zu einer Reise um die halbe Welt, die zahlreiche Erkenntnisse offenbart.

CAMPING

Campingplätze (»campgrounds«) sind weitaus großzügiger ausgestattet als vergleichbare europäische. Auf jedem Stellplatz (»campsite«) gibt es einen Picknicktisch mit Bänken und einen Grill bzw. Lagerfeuerring. Die meisten Campingplätze in den State und National Parks liegen an einem See oder im Wald und bieten Familien, die mit Wohnmobil oder Auto und Zelt unterwegs sind, herrliche Übernachtungsmöglichkeiten.

Auf den meisten privaten Campingplätzen finden Sie Vollanschlüsse (»full hook ups«) mit Strom- und Frischwasseranschluss sowie Schmutzwasserabfluss für Wohnmobile, außerdem sind diverse Freizeitangebote im Preis enthalten, u. a. die Benutzung des Swimmingpools.

Die größte Campingplatzkette KOA (Kampgrounds of America; Tel. 8 00/6 24-95 95; www.koa.com) bietet verkehrsgünstig gelegene Anlagen des gehobenen Standards.

Feiertage

1. Januar	New Year's Day
3. Montag im Februar	Washington's Birthday
Letzter Montag im Mai	Memorial Day
4. Juli	Independence Day
1. Montag im September	Labor Day
2. Montag im Oktober	Columbus Day
11. November	Veterans' Day
4. Donnerstag im November	Thanksgiving Day
25. Dezember	Christmas Day

Geld

Der amerikanische Dollar ist in 100 Cents unterteilt. Im Umlauf sind Münzen zu 1 (»penny«), 5 (»nickel«), 10 (»dime«), 25 Cent (»quarter«). Selten sind Ein-Dollar-Münzen. Geldscheine gibt es in einer Stückelung von 1, 5, 10, 20, 50, 100 Dollar.

US-Dollar-Reiseschecks werden in den USA überall wie Bargeld akzeptiert, als Wechselgeld erhält man Bares. In den USA ist der bargeldlose Zahlungsverkehr mit Kreditkarte fast schon zur Regel geworden. Abgesehen von einigen Supermärkten, Fast-Food-Restaurants und Touristenattraktionen kann man fast überall mit Euro-(Master-)Card, Visa-Card oder American Express bezahlen. Auf jeden Fall erwarten Hotels, Leihwagenagenturen und Ärzte stets eine »credit card« als Sicherheit.

Aus diesem Grund sollte man nicht mehr als 100 $ Bargeld in der Tasche haben, am besten in Geldscheinen bis zu maximal 20 $ und in vielen »quarters« für die zahlreichen Automaten. In öffentlichen Verkehrsmitteln wird meist genau abgezähltes Kleingeld verlangt (»exact fare«). Bedenken Sie, dass Dollarscheine oder Reiseschecks mit einem Nennwert von 50 $ oder höher nicht überall akzeptiert werden.

Wechselkurse

USA	EU	CH
Dollar	Euro	Franken
0,5	0,37	0,55
1	0,73	1,11
2	1,47	2,21
5	3,66	5,52
10	7,33	11,04
20	14,65	22,09
30	21,98	33,13
50	36,64	55,21
100	73,27	110,43
250	183,18	276,07
500	366,36	552,13
750	549,54	828,20
1000	732,72	1104,26

Stand: Juli 2009

Nebenkosten
(umgerechnet in €)

1 Tasse Kaffee	ca. 1,25
1 Bier	ca. 2,50
1 Cola	ca. 1,00
1 Stück Pizza	ca. 2,00
1 Schachtel Zigaretten	ca. 3,50
1 Taxifahrt pro km	1,20
1 Liter Benzin	0,55–0,76
Fahrt mit öffentlichen Verkehrsmitteln (Einzelfahrt)	ca. 1,80
Mietwagen/Tag	ca. 30,00

Camping – Reiseknigge

Europäisches Bargeld und Reiseschecks in europäischen Währungen kann man nur in Großstadtbanken oder an internationalen Flughäfen in Dollars umtauschen. EC-Karten zum Bargeldabheben werden an Geldautomaten mit dem »Maestro«-Logo akzeptiert. Für unterwegs eignet sich am besten eine Mischung aus oben genannten Zahlungsmitteln, also Reiseschecks für kleinere Ausgaben unterwegs, Kreditkarte für Tanken, Hotelübernachtungen, Restaurants und andere, größere Ausgaben und etwas Bares für Automaten und Kleinigkeiten unterwegs.

Internet
www.discoveramerica.com. Die offizielle Reise- und Tourismusseite der USA bietet grundlegende Informationen über das Land und die einzelnen Reiseregionen sowie zu Kultur, Geschichte und Alltagsleben.

Die Seiten der einzelnen Staaten: → Auskunft, S. 107

Masseinheiten
Längen
1 inch (in) = 2,54 cm
1 foot (ft) = 30,48 cm
1 yard (yd) = 91,44 cm
1 mile (mi) = 1,609 km

Flüssigkeiten
1 fluid ounce (fl.oz) = 29,57 ml
1 pint (pt) = 0,47 l
1 quart (qt) = 0,95 l
1 gallon (gal) = 3,79 l

Gewichte
1 ounce (oz) = 28,35 g
1 pound (lb) = 453,59 g

Medizinische Versorgung
Die medizinische Versorgung in den USA ist ausgezeichnet, aber teuer. Schließen Sie deshalb für die Reise unbedingt eine Auslandskrankenversicherung ab.

Supermärkte oder Drogeriemärkte (»drugstores«) mit der Kennzeichnung »pharmacy« (Apotheke) verkaufen rezeptpflichtige Arzneimittel (»prescription drugs«).

Notruf
Die Notrufnummer der Polizei, der Feuerwehr und der Rettungsdienste lautet in der Regel 911. Daneben hilft der »operator« (Telefonvermittlung) nach Wählen der »0« weiter.

Politik
Die beiden einzigen großen Parteien in den USA sind die Demokraten und Republikaner. Die Demokraten, die einstige klassische Partei der Arbeiter, stellen in der Regel die Bürgermeister in allen bedeutenden Städten an den Großen Seen. Nicht zuletzt dank weit reichender Gewerkschaftsunterstützung ist der Demokrat Richard M. Daley seit 1989 Bürgermeister von Chicago.

Reisedokumente
Deutsche, Österreicher und Schweizer mit Rückflugticket benötigen für die Einreise in die USA einen zumindest für die Reisedauer, besser aber noch sechs Monate über den Abflugtermin hinaus gültigen Reisepass. Wer länger als drei Monate in den Staaten bleiben möchte, muss ein Visum beantragen.

ESTA-Antrag: Das Einreiseformular, das bislang vor der Ankunft im Flugzeug ausgefüllt werden musste, ist seit Anfang Januar 2009 online auszufüllen. Unter www.usa-einreiseformular.de kann man das Formular herunterladen. Füllen Sie die mit roten Sternchen markierten Felder aus und schicken Sie das Formular bis spätestens 72 Stunden vor Reiseantritt ab, um sich registrieren zu lassen. Die Reisegenehmigung wird im Allgemeinen sofort erteilt.

Reiseknigge
Polizeikontrollen
Werden Sie unterwegs angehalten, so geschieht dies meist, indem ein Poli-

zeiwagen hinter Ihnen mit Sirene und Blaulicht erscheint. Halten Sie ruhig an, wo es sicher ist, und warten Sie mit den Händen sichtbar am Lenkrad, bis der Polizist zu Ihnen ans Auto kommt. In der Regel werden Sie streng nach Führerschein und Papieren gefragt, wenn alles in Ordnung ist, bleiben diese Kontrollen höflich und enden oft freundlich. Bei Verkehrsdelikten wird sofort zur Kasse gebeten.

»You« oder das fehlende »Sie«
In den USA wird durch das »You«, die allgemeine Nennung beim Vornamen und die begeisternde Gastfreundlichkeit der Amerikaner oft der Eindruck von neuer, allzu enger Freundschaft erweckt. Dennoch sollte man sich dem Gegenüber höflich und respektvoll verhalten und ihm gewünschten Freiraum gewähren.

Oben ohne am Strand
»Oben ohne« zu baden, ist in den gesamten USA verpönt und wird auch in Chicago oder an Michigans langen, weißen Sandstränden nicht geduldet. Tut man es dennoch, setzt man sich dem Unwillen der anderen Strandbesucher oder gar der Polizei aus.

Reisewetter
Das Sommerwetter ist warm, im südlichen Bereich schwülwarm mit Höchsttemperaturen von knapp 30 °C. Selbst an der Grenze zu Kanada in Minnesota steigen die Temperaturen auf 25 °C an. Abends sinkt das Thermometer nur um 10 °C ab.

In den Übergangsmonaten im Frühjahr und Herbst kann es tagsüber noch immer freundlich warm sein, während sich nachts allmählich der Frost einstellt. Im Winter kommt das kalte Wetter aus dem kanadischen Norden, an der kanadischen Grenze herrscht zwischen November und März Dauerfrost. An den südlichen Großen Seen klettert die Quecksilbersäule zumindest tagsüber über den Gefrierpunkt.

Sicherheit
Die USA sind ein Land der extremen sozialen Gegensätze. Mondäne Vororte und heruntergekommene Viertel liegen oft eng beieinander. Wählen Sie daher als Zufahrt zu den Innenstädten die citynächste Autobahnausfahrt und bei später Ankunft ein Motel oder Hotel an der Autobahnabfahrt. Der direkte Downtown-Bereich ist zu den täglichen Bürostunden genauso sicher wie jede europäische Großstadt. In Niagara Falls kann man z. B. auch bis nach Mitternacht ungezwungen spazieren gehen, ebenso in den Flats in Cleveland, auf der Magnificent Mile in Chicago etc. Unterschiede zeigen sich v. a. in den Abendstunden, wenn bestimmte Innenstadtbereiche menschenleer sind. Abendspaziergänge sollte man nur in belebten Straßenzügen bzw. touristischen Vierteln unternehmen und sich im Hotel nach »safe nightspots« erkundigen. Ebenso sollte man abends und für Fahrten in unbekannte Vororte ein Taxi (»cab«) nehmen.

Stromspannung
Die USA verfügen über ein 110-Volt-Wechselstromnetz von 60 Hertz. Elektrogeräte arbeiten nur mit einem Spannungsumschalter und dem passenden Adapter für die nordamerikanischen Steckdosen (unbedingt schon zu Hause besorgen).

Telefon
D, A, CH → USA 001
USA   → Europa 011 dann
        → D 49
        → A 43
        → CH 41, dann Ortsvorwahl ohne Null.

In den USA existiert ein einheitliches Nummernsystem aus dreistelliger Vorwahl (»area code) und siebenstelliger Rufnummer. In Problemfällen hilft der »operator« (Vermittlung), der sich unter der Nummer »0« meldet. In Buchstaben wiedergegebene Telefonnummern wählt man wie Ziffern auf der Telefontastatur, wo sowohl Ziffern als auch Buchstaben stehen. Dabei entspricht: ABC = 2, DEF = 3, GHI = 4, JKL = 5, NMO = 6, PRS = 7, TUV = 8, WXY = 9.

Für »local calls« (Ortsgespräche) wählt man die Rufnummer ohne Vorwahl, bei »long distance calls« (Ferngesprächen) erst eine 1, dann Vorwahl und Rufnummer. Telefonnummern mit den Vorwahlen 8 00, 8 66, 8 77 und 8 88 sind gebührenfrei. Unter der Tel. 5 55-12 12 und der zugehörigen Vorwahl meldet sich die Auskunft für das entsprechende Gebiet.

Am preiswertesten telefonieren Sie mit vorausbezahlten Telefonkarten, die es in Geschäften und an Tankstellen gibt. In den USA funktionieren nur Triple-Band-Handys, aber keine D- bzw. E-Netz-Handys.

TEMPERATUR

Umrechnungstabelle von Celsius in Fahrenheit:

°C x 1,8 + 32 = °F

C 0° 5° 10° 15° 20° 25° 30° 35°
F 32° 41° 50° 59° 68° 77° 86° 95°

TRINKGELD

Taxifahrer und Bedienungen beziehen ein nur niedriges Grundgehalt. Erst mit dem Trinkgeld (»tip«, »gratuity«), das ca. 15 % beträgt, kommen sie auf einen ansprechenden Verdienst. Gepäckträger, Zimmermädchen etc. erhalten 1–2 $.

UMSATZSTEUER

In den USA sind die Preise (außer Benzin) stets netto ausgezeichnet. Erst an der Kasse wird die je nach Bundesstaat unterschiedliche Umsatzsteuer, die »sales tax« zwischen 4 und 6,5 %, hinzuaddiert. Folgende »sales tax« besteht in den einzelnen Bundesstaaten: New York 4 %, Wisconsin 5 %, Ohio 5,5 %, Michigan und Indiana 6 %, Illinois und Minnesota 6,5 %; in der kanadischen Provinz Ontario beträgt die »sales tax« 8 %, in der Stadt Chicago 10,25 %.

VERKEHRSVERBINDUNGEN

Autofahren

Am preiswertesten reserviert man den Mietwagen (»rental car«) schon von zu Hause über das Reisebüro. Bei der Autoübernahme direkt am Flughafen benötigt man den nationalen bzw. den internationalen Führerschein, den man sicherheitshalber zusätzlich dabei haben sollte, sowie Mietgutschein (»voucher«) und Kreditkarte, die alle auf dieselbe Person lauten müssen. Zu den häufigsten Vermietern gehören Alamo (www.alamo.de) und Avis (www.avis.de).

Nur wenige Verkehrsregeln unterscheiden sich grundlegend von den europäischen. Das zulässige »speed limit« (Höchstgeschwindigkeit) auf

Entfernungen (in km) zwischen wichtigen Orten rund um die Großen Seen

	Chicago	Cleveland	Detroit	Milwaukee	Minneapolis	Niagara Falls
Chicago	–	571	460	148	658	906
Cleveland	571	–	280	721	1231	335
Detroit	460	280	–	610	1120	473
Milwaukee	148	721	610	–	338	1056
Minneapolis	658	1231	1120	338	–	1566
Niagara Falls	906	335	473	1056	1566	–

Autobahnen beträgt 65–70 Meilen pro Stunde (105–113 km/h) sowie 55–70 mph auf Landstraßen. Innerorts gilt eine Geschwindigkeitsbegrenzung von 35 mph (56 km/h).

Rechtsgültig sind auf jeden Fall die Schilder am Straßenrand. Bei »4-Way-Stop«, einer Kreuzung mit vier Stoppschildern, hält jedes Fahrzeug an, und man fährt in der Reihenfolge der Ankunft dann weiter. Bei Unklarheit lässt der höfliche Fahrer den anderen per Handzeichen vor.

Wenn es nicht ausdrücklich verboten ist, ist das Rechtsabbiegen an einer roten Ampel erlaubt.

Eisenbahn (Amtrak)

Amtrak ist die einzige überregionale Personenzuglinie in den USA, und Chicago ist der große zentrale Punkt nicht nur der Großen Seen, sondern des gesamten US-Eisenbahnverkehrs. Von Chicago erreicht man im Bereich der Großen Seen bequem und in wenigen Stunden Milwaukee, Minneapolis/St. Paul, Detroit, Cleveland, Niagara Falls und andere Städte. Vergessen Sie nicht, Ihre Sitzplätze rechtzeitig zu reservieren.

Bei Buchungen und mit weiteren Informationen, u. a. über saisonale oder regionale Eisenbahnpässe, hilft Ihnen CRD International, Stadthausbrücke 1–3, 20355 Hamburg, Tel. 0 40/30 06 16-23; amtrak@crd.de. Innerhalb der Vereinigten Staaten erreicht man Amtrak unter Tel. 8 00/USA-RAIL; www.amtrak.com.

Greyhound-Bus

Die überregionale Buslinie mit dem Windhund-Emblem bedient sowohl die großen Metropolen als auch viele Kleinstädte in den USA und Kanada. Es gibt Mehrtagespässe, die man vor Ort kaufen kann.

Weitere Informationen zu Ticketkauf, Platzreservierung und Routen unter Tel. 2 14/8 49-80 00, 8 00/2 31-22 22 und im Internet unter www.greyhound.com.

Zeitzonen

In Chicago gilt Central Time = MEZ minus 7 Std. Weiter östlich gilt Eastern Time = MEZ minus 6 Std. Die Grenze zwischen beiden Zeitzonen verläuft von Thunder Bay südwärts über den Lake Superior, entlang der Staatenlinie Wisconsin/Michigan, dann der Länge nach durch den Lake Michigan, um dann schließlich durch Indiana weiter südwärts zu verlaufen bis an den Golf von Mexiko. Die Sommerzeit (»Daylight Savings Time«) gilt in den USA vom zweiten Sonntag im März bis zum ersten Sonntag im November; die Umstellung erfolgt jeweils um 2 Uhr morgens.

Zoll

Außer dem persönlichen Reisegepäck darf man einfuhrabgabenfrei Geschenke im Wert bis 100 $, 200 Zigaretten oder 50 Zigarren oder 2 kg Tabak und 1 l alkoholische Getränke (Personen über 21 Jahre) in die USA einführen. Bargeld über 10 000 $ muss deklariert werden.

Unter keinen Umständen darf man Obst, Fleisch und andere frische Lebensmittel bzw. landwirtschaftliche Produkte in die USA mitnehmen. Weitere Informationen unter www.german.germany.usembassy.gov.

Aus den USA nach Deutschland liegen die Reisefreigrenzen pro Person bei Waren im Wert bis 430 € (Kinder unter 15 Jahren 175 €). Weiterhin darf man 200 Zigaretten oder 100 Zigarillos oder 50 Zigarren oder 250 g Rauchtabak oder eine anteilige Zusammenstellung dieser Waren einfuhrabgabenfrei mitbringen. Bei Alkoholika gilt: 1 l Spirituosen über 22 % oder 2 l alkoholische Getränke von höchstens 22 % oder 4 l nicht schäumende Weine oder 16 l Bier oder eine anteilige Zusammenstellung dieser Waren sind bei Personen ab 17 Jahren erlaubt. Außerdem darf man mitbringen: 500 g Kaffee oder 200 g löslichen Kaffee und 50 g Parfüm oder 0,25 l Eau de Toilette.

Kartenatlas

Orientierung leicht gemacht: mit Planquadraten und allen Orten und Sehenswürdigkeiten.

Legende

Routen und Touren
- → Von Detroit nach Minneapolis (S. 86)
- → Von Chicago nach Minneapolis (S. 91)

Sehenswürdigkeiten
- 10 MERIAN-TopTen
- 10 MERIAN-Tipp
- Sehenswürdigkeit, öffentl. Gebäude
- Sehenswürdigkeit Natur
- Kirche; Kloster
- Museum
- Denkmal

Verkehr
- Autobahn
- Autobahnähnliche Straße
- Fernverkehrsstraße
- Hauptstraße
- Nebenstraße
- Unbefestigte Straße, Weg
- Flughafen; Flugplatz
- P Parkmöglichkeit
- B H Busbahnhof; Bushaltestelle
- U cta-Station
- Bahnhof

Sonstiges
- i Information
- Theater
- Markt
- Zoo
- Nationalpark
- Naturreservat
- Botschaft, Konsulat

114

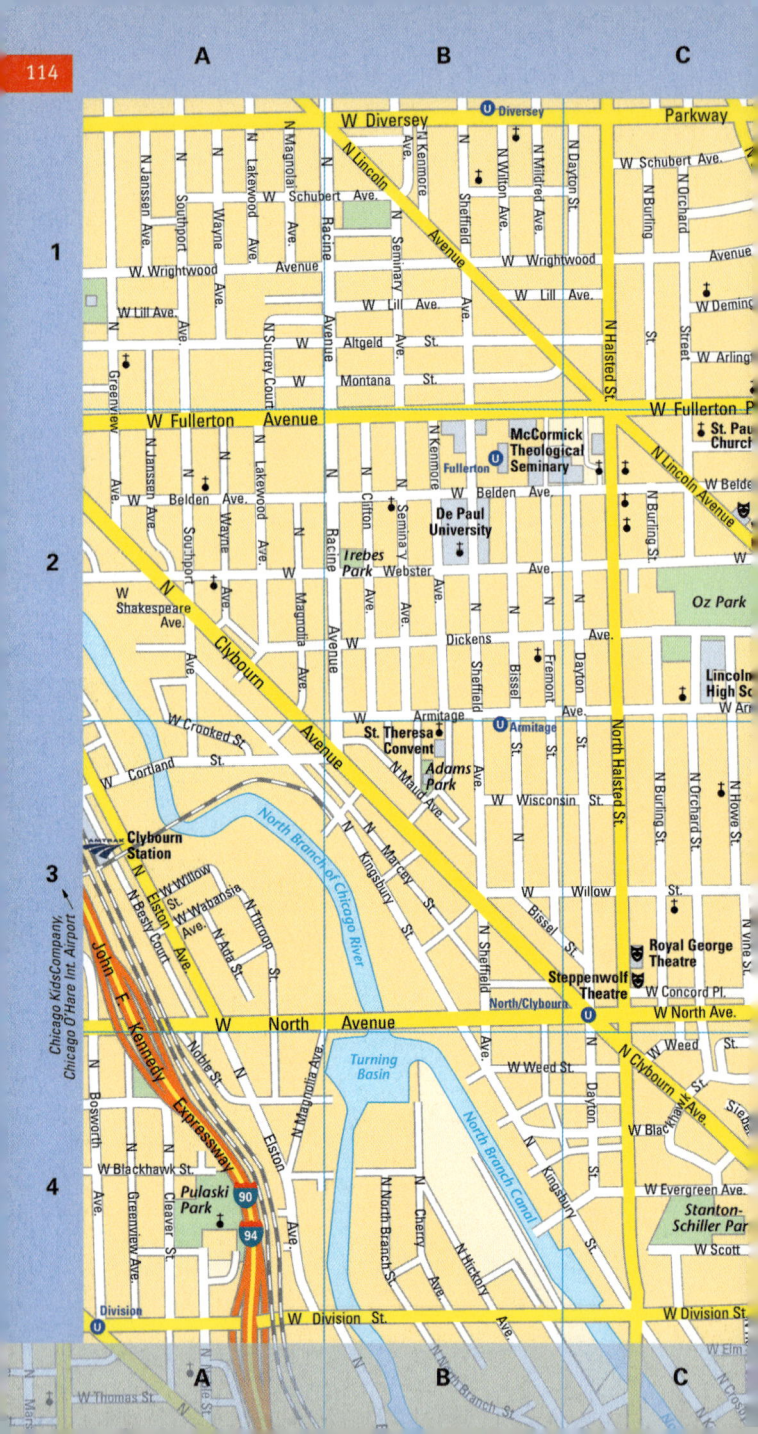

A

- N Janssen Ave.
- N Southport Ave.
- N Magnolia Ave.
- N Wayne Ave.
- N Lakewood Ave.
- Schubert Ave.
- W. Wrightwood Ave.
- W Lill Ave.
- N Greenview
- N Surrey Court
- N Racine Avenue
- W Fullerton Avenue
- N Janssen Ave.
- N Southport Ave.
- Belden Ave.
- N Wayne Ave.
- N Lakewood Ave.
- N Magnolia Avenue
- N Racine Avenue
- N Clybourn Avenue
- W Shakespeare Ave.
- W Crooked St.
- W Cortland St.
- Clybourn Station
- N Bosworth Ave.
- N Noble St.
- W Willow
- W Wabansia Ave.
- N Ada St.
- Chicago KidsCompany, Chicago O'Hare Int. Airport
- John F. Kennedy Expressway
- W North Avenue
- W Blackhawk St.
- Pulaski Park
- N Cleaver Ave.
- N Greenview Ave.
- 90 / 94
- Division

B

- W Diversey
- N Lincoln Avenue
- N Kenmore Ave.
- N Sheffield Ave.
- N Seminary Ave.
- W Lill Ave.
- Altgeld St.
- Montana St.
- N Kenmore
- N Seminary Ave.
- Clifton Ave.
- N Racine Ave.
- Belden Ave.
- De Paul University
- Irebes Park
- Webster Ave.
- Dickens Ave.
- N Sheffield Ave.
- Armitage
- St. Theresa Convent
- N Maud Ave.
- Adams Park
- W Wisconsin St.
- N Marcey St.
- N Kingsbury St.
- N Sheffield
- W Willow
- N Bissel
- Steppenwolf Theatre
- North/Clybourn
- W North Avenue
- Turning Basin
- W Weed St.
- North Branch Canal
- N Magnolia Ave.
- N North Branch St.
- N Cherry Ave.
- N Hickory Ave.
- N Elston Ave.
- W Division St.

C

- Parkway
- W Schubert Ave.
- N Dayton St.
- N Mildred Ave.
- N Wilton Ave.
- N Orchard Ave.
- N Burling Ave.
- W Wrightwood Ave.
- W Deming
- W Arling
- N Halsted St.
- W Fullerton P
- St. Paul Church
- McCormick Theological Seminary
- Fullerton
- W Belden Ave.
- N Lincoln Avenue
- N Burling St.
- Oz Park
- Dayton Ave.
- Fremont Ave.
- Bissel
- Lincoln High Sc
- W Ar
- Armitage
- North Halsted St.
- N Orchard St.
- N Burling St.
- N Howe St.
- N Vine St.
- Royal George Theatre
- W Concord Pl.
- W North Ave.
- N Clybourn Ave.
- W Weed St.
- W Blackhawk
- W Evergreen Ave.
- Stanton-Schiller Par
- W Scott
- W Division St.
- W Elm

1, 2, 3, 4 (grid markers)

D
E
F
1
2
3
4
Goethe Mon.
Swedenborg Monument
Diversey Harbor
41
Oglesby Mon.
North Pond
N Stockton Drive
N Lakeview Avenue
N John Cannon Dr.
Peggy Notebaert Nature Museum
Pavilion
Fullerton Beach
Theater on the Lake
W Fullerton Parkway
Simmons Island
Linné Mon.
Conservatory
Reebie Building
Chicago Yacht Club
N Clark St.
N Lincoln Park West
N Stockton Dr.
Formal Gardens
Zoo
Lincoln
Park
N Lake Shore Drive
South Lagoon
Lake Michigan
N Hudson Ave.
N Sedgwick St.
Viking Ship
Duck Pond
Cultural Arts Center
Academy of Sciences
N Lincoln Ave.
Grant Mon.
Farm in the Zoo
South Pond
N John Cannon Dr.
W Wisconsin St.
N Orleans
N Lincoln Park W
N Stockton Drive
North Avenue Beach
Athletic Field
Bath House
W Menomonee St.
W Willow St.
N Wells St.
N Fern Ct.
B. Franklin Mon.
N LaSalle Drive
Lincoln Mon.
W Eugenie St.
N LaSalle Dr.
Chicago History Museum
St. Michaels Church
W Concord Pl.
N Northpark Ave.
Moody Ch.
Second City Th.
W North Ave.
North Boulevard
Int. Mus. of Surgical Science
Sedgwick
W Germ. Pl.
N Dearborn Pkwy.
N Astor St.
W Burton Pl.
E Burton Pl.
N Wieland St.
St. Chrysostom's Church
N State Parkway
N Lake Shore Drive
E Schiller St.
W Schiller St.
Gold Coast
N Cleveland Ave.
W Evergreen Ave.
E Banks St.
W Sullivan St.
First St. Paul's Church
W Goethe St.
E Goethe St.
W Scott St.
E Scott St.
E Stone St.
N LaSalle St.
Clark/Division
E Division St.
Oak Street Beach
W Elm St.
E Elm St.
St. Joseph's Church
Ch. of the Ascension
N Clark St.
N Rush St.
E Cedar St.
0
300 m
N
Seward Park
W Hill St.
W Maple St.
E Bellevue
W Wendell St.
E Oak St.
E Lake Shore Dr.
© MERIAN-Kartographie

116

Map: Near North / Loop area, Chicago

Grid references: 116 (left), 115 (top right), 118 (bottom)
Columns: A, B, C
Rows: 5, 6, 7, 8

Streets (North–South)
- N Halsted St
- N Green St
- N Peoria St
- N Sangamon St
- N Morgan St
- N Union Ave
- N Des Plaines St
- N Jefferson St
- N Clinton St
- N Canal St
- N Kingsbury St
- N Crosby St
- N Cambridge Ave
- N Larrabee St
- N Mohawk St
- N Cleveland Ave
- N Hudson Ave
- N Sedgwick St
- N Franklin St
- N Orleans St
- N Wells St
- N LaSalle St
- N Clark St
- N Dearborn St
- S Wacker Dr
- S Franklin St
- Post Pl
- N Franklin St
- S Wells St
- S LaSalle St
- S Clark St
- S Dearborn St
- S Federal St
- S Sherman St

Streets (East–West)
- W Division St
- W Elm St
- W Hobbie St
- W Hill St
- W Wendell St
- Maple St
- W Oak St
- W Walton St
- Walton Pl / Washington Sq
- W Locust St
- W Delaware Pl
- W Chestnut St
- W Institute Pl
- W Chicago Ave
- W Superior St
- W Huron St
- W Ancona St
- W Erie St
- W Ontario St
- John F. Kennedy Expressway
- W Ohio St
- W Grand Ave
- W Hubbard St
- W Illinois St
- W Kinzie St
- W Wayman St
- W Fulton St
- W Lake St
- W Wacker Dr
- W Randolph Street
- W Washington Boulevard
- W Madison St
- W Monroe St
- W Marble Pl
- W Adams St
- W Quincy St
- W Jackson Blvd
- W Gladys Ave
- W Van Buren St
- Eisenhower Expwy / I-290
- Congress Pkwy
- W Harrison St
- W Vernon Pk Pl
- W Lexington St
- W Polk St
- W Cabrini St

Landmarks / Points of Interest
- Seward Park
- St. Joseph's Church
- Ch. of the Ascension
- Newberry Library
- Moody Bible Inst.
- Abraham Lincoln Book Shop
- Near North
- Assumption Ch.
- Merch. Mart / Merchandise Mart
- 333 W Wacker Drive
- James R. Thompson Center
- Cine St. Th.
- R.J. Daley Center
- City Hall, County Bldg.
- Picasso
- Randolph/Wells
- Northwestern Station
- Wendella Riverbus
- N Riverside Plaza
- Civic Opera Building
- St. Peter's
- Chicago Temple
- First Nat. Bank
- Presidential Towers
- Mercantile Exchange
- Monroe/Dearborn
- Gateway Center
- LaSalle Nat. Bank Building
- 190 LaSalle Street
- Rookery Building
- Marquette Building
- Chicago Federal Center
- Old St. Patrick's Ch.
- Union Station
- Willis Tower
- Quincy/Wells
- Chicago Board of Trade
- Monadnock Building
- Washington Library Cl.
- Town Gateway Buildings
- LaSalle/Van Buren
- Main Post Office
- Sandmeyer's Bookstore
- Greek Town
- UIC-Halsted
- Jane Addams Hull House Mus.
- Greyhound Bus Terminal
- US Customs House
- River City
- Brookfield Zoo (directional)
- Chicago O'Hare Airport (directional)

Transit
- Amtrak (at Union Station, Northwestern Station)
- U (CTA stations): Chicago, Grand, Clark/Lake, Randolph/Wells, Madison/Wells, Quincy/Wells, LaSalle/Van Buren, UIC-Halsted, Clinton

Water features
- North Branch Canal
- North Branch of the Chicago River

117

D E F

Oak Street Beach

Lake Michigan

5

- E Lake Shore Dr.
- E Walton St.
- N Seneca
- N DeWitt Pl.
- E Pearson St.
- Soda ain & colate Shop
- e's Bas.
- John Hancock Observatory
- Water Tower Place
- Lookingglass Th.
- Apartments
- Seneca Park
- Lake Shore Park
- Old Water Tower
- E Chicago Ave.
- Mus. of Contemporary Art
- N Fairbanks Ct.
- Northwestern University (Chicago Campus)
- Outer Harbor
- Park Dr.
- Milton Lee Olive Park
- Water Filtration Plant
- E Huron St.
- E Erie St.
- 41
- Ohio St. Beach
- Park Dr.
- Terra Mus. American Art
- N St. Clair St.
- E McClurg Court
- J. Addams Mem. Park
- Chicago Navy Pier Information Center
- Ontario St.
- Lake Pt. Towers
- E Grand Ave.
- Chicago Shakespeare Th.
- Navy Pier

6

- io St.
- Grand Ave.
- N Streeter Drive
- Chicago Children's Museum
- Shoreline Sightseeing
- Spirit of Chicago
- N Rush St.
- Chicago Tribune Tower
- NBC Bldg.
- Chicago Water Taxi
- E Illinois St.
- Ogden Slip
- rigley Bldg.
- Equitable Bldg.
- North Water
- Centennial Fountain
- Outer Dr. Bridge
- Sluice Gates
- Lock
- Chicago Water Taxi
- Chicago River
- E Wacker Dr.
- E Wacker Dr.
- US Coast Guard Station
- cture ation Cruise
- South Water St.
- E South Water St.
- N Garland Ct.
- N Michigan Ave.
- E Lake St.
- Prudential Bldg.
- Aon Center
- Harbor Park
- E Benton Pl.

7

- E Randolph Drive
- Randolph St. Station
- Grant Park
- Columbia Yacht Club
- Harris Th. for Music & Dance
- BP Bridge
- Daley Bicentennial Plaza
- Sluice Gates
- »Cloud Gate«
- Jay Pritzker Pavilion
- Madison/Wabash
- Millenium Park
- Monroe Harbor
- Jewelers Building
- E Monroe Drive
- Grant Butler Field Park
- Chicago Yacht Club
- 1 Washington/Dearborn
- 2 Washington/State
- Adams/ Wabash
- The Art Institute of Chicago
- Chicago Architecture Found.
- S Lake Shore Drive
- son Blvd.
- E Jackson Drive
- CNA Center
- Mary's
- Roosevelt Univ.
- P
- Lincoln Statue
- Chicago Harbor

8

- ey Ballet/ orium Th.
- Van Buren Station
- Grant Clarence Buckingham Fountain
- on St.
- Congress Plaza
- Park
- Museum of Contemp. Photography
- Spertus Mus. of Judaica
- Ave.
- E Balbo Dr.
- Chicago Hilton & Tow.
- ▼ 119
- 0 300 m
- © MERIAN-Kartographie
- West sity
- Logan

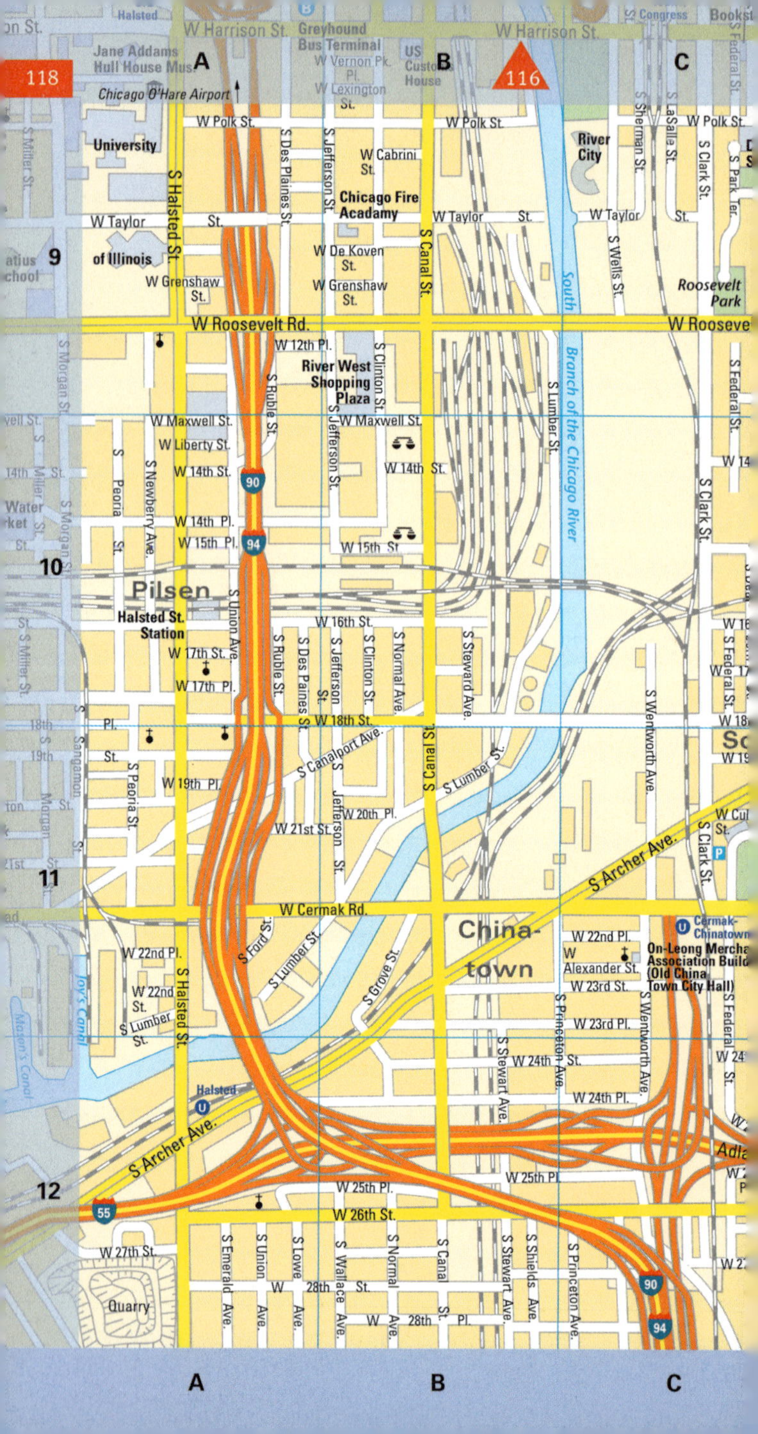
118
116
A
B
C
9
10
11
12
W Harrison St.
Greyhound Bus Terminal
US Custom House
Jane Addams Hull House Mus.
Chicago O'Hare Airport
W Vernon Pk. Pl.
W Lexington St.
Congress
W Polk St.
University of Illinois
S Halsted St.
S Des Plaines St.
S Jefferson St.
W Cabrini St.
Chicago Fire Academy
S Canal St.
River City
S Sherman St.
S LaSalle St.
S Clark St.
S Park Ter.
W Taylor St.
W De Koven St.
W Grenshaw St.
S Wells St.
Roosevelt Park
South Branch of the Chicago River
W Roosevelt Rd.
W 12th Pl.
S Clinton St.
River West Shopping Plaza
S Ruble St.
S Morgan St.
S Miller St.
S Federal St.
W Maxwell St.
W Liberty St.
W 14th St.
W 14th Pl.
W 15th Pl.
W 15th St.
S Peoria St.
S Newberry Ave.
S Lumber St.
Water Market
90
94
Pilsen
Halsted St. Station
S Union Ave.
W 16th St.
W 17th St.
W 17th Pl.
S Normal Ave.
S Steward Ave.
S Wentworth Ave.
W 18th Pl.
W 18th St.
W 19th St.
W 19th Pl.
S Canalport Ave.
S Sangamon St.
W 20th Pl.
W 21st St.
S Archer Ave.
W Cermak Rd.
China-town
Cermak-Chinatown
W 22nd Pl.
W Alexander St.
W 23rd St.
W 23rd Pl.
W 24th St.
W 24th Pl.
On-Leong Merchants Association Building (Old China Town City Hall)
S Ford St.
S Grove St.
W 22nd St.
Joy's Canal
Mason's Canal
S Princeton Ave.
S Stewart Ave.
Halsted
55
W 25th Pl.
W 26th St.
W 27th St.
S Emerald Ave.
S Lowe Ave.
S Wallace Ave.
S Shields Ave.
W 28th St.
W 28th Pl.
Quarry
Adlai

D
E
F
117
9
10
11
12
Museum of Contemp. Photography
Spertus Mus. of Judaica
E Balboo Dr.
Harbor
Chicago Hilton & Towers
Grant
Park
Logan Mon.
Lake Michigan
Shoreline Sightseeing
John G. Shedd Aquarium/ Oceanaquarium
E 11th St.
Roosevelt Rd. Station
Columbus Mem.
Roosevelt Rd.
E Roosevelt Dr.
Adler Planetarium & Astronomy Mus.
Field Museum
Pasteur Mon.
Solidarity Drive
Northerly Island Park
W McFerridge Dr.
Burnham Pt. Yacht Club
Bath House
12th St. Beach
E 14th St.
Soldier Field
S Michigan Ave.
S Indiana Ave.
S Prairie Ave.
S Lake Shore Drive
S Museum Park Dr.
Lynn White Dr.
Burnham Park Yacht Harbor
E 15th Pl.
Northerly Island Park
Northerly Island
E Waldron Dr.
18th St. Station
Glessner Hs.
Prairie Avenue Historic District
Hillary Rodham Clinton Park
Second Presbyterian Church
S Calumet Ave.
S Wabash Ave.
McCormick Place North
McCormick Place East
E Cermak Rd.
S Cottage Grove Ave.
E 23rd St.
23rd St. Station
McCormick Place South
Burnham Park
E 24th St.
E 24th Pl.
Expressway
55
E 25th St.
S Dr. Martin-Luther-King-Jr. Dr.
E 26th St.
41
27th St. Station
0
300 m
N
© MERIAN-Kartographie

Map 120

Grid: A, B, C / 13, 14, 15, 16

Streets and Avenues
- E 51st St.
- E 52nd St.
- E 53rd St.
- E 54th St.
- E 55th St.
- E 56th St.
- E 57th St.
- E 58th St.
- E 59th St.
- E 60th St.
- E 61st St.
- E 62nd St.
- E 63rd St.
- E 64th St.
- E 65th St.
- E Marquette Road
- E 67th St.
- Garfield Blvd.
- Midway Plaisance
- King Drive
- East 63rd/Cottage Grove

North–South Streets
- S Prairie Ave.
- S Calumet Ave.
- S Dr. Martin Luther King Jr. Dr.
- Ellsworth Drive
- Payne Drive
- Rainey Drive
- Morgan Drive
- Russell Drive
- Best Drive
- Vernon Ave.
- Eberhart Ave.
- Rhodes Ave.
- St. Lawrence Ave.
- Champlain Ave.
- Langley Ave.
- Evans Ave.
- Cottage Grove Ave.
- S Maryland Ave.
- S Drexel Ave.
- S Ingleside Ave.
- S Ellis Ave.
- S Greenwood Ave.
- University Ave.
- Minerva Ave.

Points of Interest
- 51st (U)
- National Guard Armory
- Washington Park
- Garfield (U)
- Swimming Pool
- Rose Garden
- Willow Playlot Park
- Park No. 291
- Court Theater
- David & Alfred Smart Museum
- University Church
- DuSable Museum of African American History
- Boat House
- Lagoon
- Fountain of Time
- Linneaeus Statue
- Midway Skating Rink
- King Drive (U)

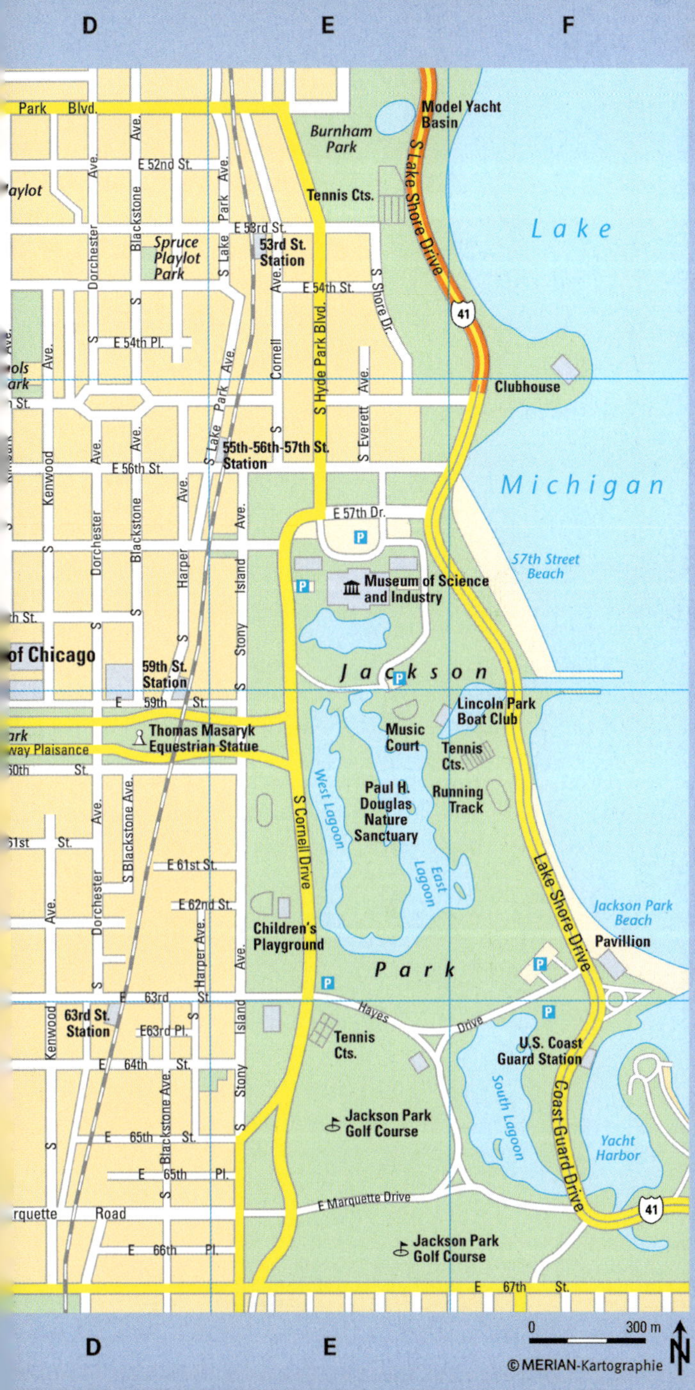

© MERIAN-Kartographie

Kartenregister

A/B
Adlai E. Stevenson Expressway 118, C12–119, D12
Best Drive 120, A15–B15
BP Bridge 117, D7

C
Coast Guard Drive 121, F16
Congress Pkwy. 116, B8–117, D8
Congress Plaza 117, D8

E
E 11th St. 119, D9
E 13th St. 119, D9
E 14th St. 119, D10
E 15th Pl. 119, D10
E 16th St. 119, D10
E 18th St. 119, D10
E 23rd St. 119, D11
E 24th Pl. 119, D12
E 24th St. 119, D12
E 25th St. 119, D12
E 26th St. 119, D12
E 51st St. 120, A13–B13
E 52nd St. 120, B13–D13
E 53rd St. 120, A13–E13
E 54th Pl. 121, D13
E 54th St. 120, A13–E13
E 55th St. 120, A14–D14
E 56th St. 120, A14–D14
E 57th St. 120, A14–121, E14
E 58th St. 120, A14–D14
E 59th St. 120, A15–121, D15
E 60th St. 120, B15–121, D15
E 61st St. 120, B15–121, D15
E 62nd St. 120, B15–121, D15
E 63rd Pl. 121, D16
E 63rd St. 120, A15–121, D15
E 64th St. 120, A16–121, D16
E 65th Pl. 121, D16
E 65th St. 120, B16–D16
E 66th Pl. 121, D16
E 67th St. 120, B16–C16
E 8th St. 119, D9
E 9th St. 119, D9
E Adams St. 116, C8–117, D8
E Balbo Pl. 117, D8
E Balbo Dr. 117, D8
E Banks St. 115, E4–F4
E Bellevue Pl. 117, D5
E Benton Pl. 117, E7
E Burton Pl. 115, E4–F4
E Cedar St. 117, D5
E Cermak Rd. 119, D11
E Chestnut 117, D5
E Chicago Ave. 117, D5
E Cullerton St. 119, D11
E Delaware Pl. 116, C5–117, D5
E Division St. 115, E4–F4

E Elm St. 115, F4
E Erie St. 117, E6
E Goethe St. 115, E4–F4
E Grand Ave. 117, D6–F6
E Harrison St. 117, D8
E Huron St. 117, D6–E6
E Hyde Park Blvd. 121, D13
E Illinois St. 117, D6–E6
E Jackson Blvd. 117, D8
E Jackson Drive 117, D8–E8
E Kinzie St. 117, D6
E Lake Shore Dr. 117, D5
E Lake St. 117, D7
E Madison St. 117, D7
E Marquette Drive 121, E16
E Marquette Road 120, B16–D16
E Monroe Drive 117, D7–E7
E Oak St. 117, D5
E Ohio St. 117, D6
E Ontario St. 117, D6
E Pearson St. 117, D5–E5
E Randolph Drive 117, D7–E7
E Roosevelt Dr. 119, E9
E Roosevelt Rd. 119, D9
E Schiller St. 115, E4–F4
E Scott St. 115, E4–F4
E South Water St. 117, E7
E Stone St. 115, F4
E Superior St. 117, D5
E Wacker Dr. 117, D6–E7
E Waldron Dr. 119, E10
E Walton St. 117, D5
Eisenhower Expwy. 116, A8–B8
Ellsworth Drive 120, A13

G/H
Garfield Blvd. 120, A14
Hayes Drive 121, E16–F16

J/L
John F. Kennedy Expressway 114, A3–116, B6A4
Lake Shore Drive 121, F15
Lynn White Dr. 119, F10

M/N
Midway Plaisance 120, B15–121, D15
Morgan Drive 120, A14
N Ada St. 115, E4–F4
N Astor St. 115, E4–F4
N Besly Court 114, A3
N Bissel St. 114, B2–C3
N Bosworth Ave. 114, A4
N Burling St. 114, C1–C3
N Cambridge Ave. 115, D4–116, B5
N Canal St. 116, B6–B7
N Cherry Ave. 114, B4
N Clark St. 114, C1–118, C11

N Cleaver St. 114, A4
N Cleveland Ave. 115, D2–116, B5
N Clifton Ave. 114, B2
N Clinton St. 116, B6–B7
N Clybourn Avenue 114, A2–D4
N Crosby St. 116, A5
N Dayton St. 114, C1–C4
N De Witt Pl. 117, D5
N Dearborn Pkwy. 115, E3–E4
N Dearborn St. 115, E4–116, C8
N Des Plaines St. 116, A6
N Elston Ave. 114, A3–A4
N Fairbanks Ct. 117, D5–D6
N Fern Ct. 115, D3
N Franklin St. 116, B5–B7
N Fremont St. 114, B2–B3
N Garland Ct. 117, D7
N Green St. 116, A6
N Greenview Ave. 114, A1–A4
N Halsted St. 114, C1–118, A9
N Hampden Court 115, D1
N Harbor Dr. 117, E7
N Hickory Ave. 114, B4
N Howe St. 114, C3–116, A5
N Hudson Ave. 115, D2–116, B6
N Janssen Ave. 114, A1–A2
N Jefferson St. 116, A6–A7
N John Cannon Dr. 115, D1–E3
N Kenmore Ave. 114, B1–B2
N Kingsbury St. 114, B3–116, B6
N Lake Shore Drive 115, E2–119, E10
N Lakewood Ave. 114, A1–A2
N Larrabee St. 114, C2–116, A5
N LaSalle Drive 115, E3
N LaSalle St. 115, E4–116, C7
N Lincoln Avenue 114, B1–D3
N Lincoln Park West 115, D2–D3
N Magnolai Ave. 114, A1–A4
N Marcey St. 114, B3
N Maud Ave. 114, B3
N McClurg Ct. 117, E6
N Meyer Ave. 115, D3
N Michigan Ave. 117, D5–D7
N Mildred Ave. 114, B1
N Milwaukee Ave. 116, A6

N Mohawk St. 115, D3–116, B5
N North Branch St. 114, B4
N Northpark Ave. 115, D4
N Orchard Street 114, C1–C2
N Orleans St. 115, D3–116, B7
N Peoria St. 116, A6–A7
N Racine Avenue 114, B1
N Rush St. 116, C5–D6
N Sedgwick St. 115, D2–116, B6
N Seminary Ave. 114, B1–B2
N Seneca St. 117, D5
N Sheffield Ave. 114, B1
N Southport Ave. 114, A1–A3
N St. Clair St. 117, D6
N St. Michaels Ct. 115, D3
N State Parkway 115, E4
N State St. 115, E4–116, C8
N Stockton Drive 115, D1–E3
N Streeter Drive 117, F6
N Surrey Court 114, A1
N Throop St. 114, A3–A4
N Union Ave. 116, A6–A7
N Vine St. 114, C3
N Wabash St. 117, D5–D6
N Wacker Dr. 116, B7
N Wayne Ave. 114, A1–A2
N Wells St. 116, C6
N Wieland St. 115, D4
N Wilton Ave. 114, B1
N. Lakeview Avenue 115, D1
Noble St. 114, A4
North Boulevard 115, E3
North Water St. 117, E6

P/R
Park Dr. 117, F5–F6
Payne Drive 120, B13–B14
Post Pl. 116, C7
Rainey Drive 120, B14
Russell Drive 120, A14

S
S Archer Ave. 118, A12–C11
S Blackstone Ave. 121, D13–D16
S Calumet Ave. 119, E11–120, A16
S Canal St. 118, B9–B12
S Canalport Ave. 118, B11
S Champlain Ave. 120, B15–B16
S Clark St. 116, C5–118, C11
S Clinton St. 116, B8–118, B10

Kartenregister

S Cornell Ave. 121, E13
S Cornell Drive 121, E15
S Cottage Grove Ave. 119, D11–120, B16
S Dearborn St. 118, C10
S Des Plaines St. 116, A7–118, A10
S Dorchester Ave. 121, D13–D15
S Dr. Martin Luther King Jr. Drive 119, E11–120, A16
S Drexel Ave. 120, B14–C16
S Eberhart Ave. 120, A15
S Ellis Ave. 120, C13–C16
S Emerald Ave. 118, A12
S Evans Ave. 120, B15–B16
S Everett Ave. 121, E13–E14
S Federal St. 116, C8–118, C12
S Ford St. 118, A11
S Franklin St. 116, B7
S Green St. 116, A8
S Greenwood Ave. 120, C15–C16
S Grove St. 118, B11
S Halsted St. 116, A5–118, A11
S Harper Ave. 121, D14–D15
S Hyde Park Blvd. 121, E13
S Indiana Ave. 119, D9–D11
S Ingleside Ave. 120, C13–C16
S Jefferson St. 116, B8–118, B11
S Kenwood Ave. 121, D13–D16
S Kimbark Ave. 121, D13–D15
S Lake Park Ave. 121, E13–E14
S Lake Shore Drive 119, E10–121, E13
S Langley Ave. 120, B15–B16
S LaSalle St. 116, C7–118, C9
S Lowe Ave. 118, A12
S Lumber St. 118, A11–B11
S Maryland Ave. 120, B14–B16
S Michigan Ave. 117, D7–119, D12
S Minerva Ave. 120, C16
S Museum Park Dr. 119, E10
S Newberry Ave. 118, A10
S Normal Ave. 118, B10–B12
S Park Ter. 118, C9
S Peoria St. 116, A8–118, A11
S Plymouth St. 116, C8–118, C10

S Prairie Ave. 119, D10–120, A15
S Princeton Ave. 118, C11–C12
S Rhodes Ave. 120, A15
S Ruble St. 118, A9–A10
S Sherman St. 116, C8–118, C9
S Shields Ave. 118, B12
S Shore Dr. 121, E13
S St. Lawrence Ave. 120, B15
S State St. 118, C10–C12
S Stewart Ave. 118, B10–B12
S Stony Island Ave. 121, E14–E16
S Union Ave. 118, A10–A12
S University Ave. 120, C13–C16
S Vernon Ave. 120, A15
S Wabash Ave. 117, D7–119, D12
S Wacker Dr. 116, B8
S Wallace Ave. 118, B12
S Wells St. 116, C7–118, C9
S Wentworth Ave. 118, C10–C12
S Woodlawn Ave. 120, C13–121, D15
Sellis Ave. 120, C16
Siebens Pl. 114, C4
Solidarity Drive 119, F9
South Water St. 117, D7
St. James Pl. 115, D1

W

W 12th Pl. 118, A9
W 14th Pl. 118, A10
W 14th St. 118, A10–C10
W 15th Pl. 118, A10
W 15th St. 118, B10–C10
W 16th St. 118, B10–C10
W 17th Pl. 118, A10
W 17th St. 118, A10–C10
W 18th Pl. 118, A11
W 18th St. 118, B10–C10
W 19th Pl. 118, A11
W 19th St. 118, A11–C11
W 20th Pl. 118, B11
W 21st St. 118, A11
W 22nd Pl. 118, A11–C11
W 22nd St. 118, A11
W 23rd Pl. 118, C11
W 23rd St. 118, C11
W 24th Pl. 118, C12
W 24th St. 118, B12–C12
W 25th Pl. 118, B12–C12
W 25th St. 118, C12
W 26th St. 118, B12
W 27th St. 118, A12–C12

W 28th Pl. 118, B12
W 28th St. 118, A12–B12
W Adams St. 116, A8–B8
W Alexander St. 118, C11
W Altgeld St. 114, A1–C1
W Ancona St. 116, A6
W Arlington Pl. 114, C1–D1
W Armitage Ave. 114, B2–D2
W Belden Ave. 114, A2–D2
W Blackhawk St. 114, A4–D4
W Burton Pl. 115, E4
W Cabrini St. 118, B9
W Cermak Rd. 118, A11–B11
W Chestnut St. 116, B5–C5
W Chicago Ave. 116, A5
W Concord Pl. 114, C3–D3
W Cortland St. 114, A3
W Crooked St. 114, A3
W Cullerton St. 118, C11
W De Koven St. 118, B9
W Delaware Pl. 116, C5
W Deming Place 114, C1–D1
W Dickens Ave. 114, A2–D2
W Diversey Parkway 114, A1–D1
W Division St. 114, A4–D4
W Elm St. 115, E4–116, B5
W Erie St. 116, A6–C6
W Eugenie St. 114, C3–D3
W Evergreen Ave. 114, C4–D4
W Fullerton Avenue 114, A2
W Fullerton Parkway 114, B1–E1
W Fulton St. 116, A7
W Germ. Pl. 115, E3
W Gladys Ave. 116, A8
W Goethe St. 115, D4–E4
W Grand Ave. 116, A6–C6
W Grant Pl. 114, C2–D2
W Grenshaw St. 118, A9–B9
W Harrison St. 116, A8–C8
W Hill St. 116, B5
W Hobbie St. 116, A5–B5
W Hubbard St. 116, A6–B6
W Huron St. 116, A6–C6
W Illinois St. 116, B6
W Institute Pl. 116, B5
W Jackson Blvd. 116, A8–C8
W Kinzie St. 116, A6–C6

W Lake St. 116, A7–C7
W Lexington St. 116, B8
W Liberty St. 118, A10
W Lill Ave. 114, A1–C1
W Locust St. 116, B5
W Madison St. 116, A7–B7
W Maple St. 116, C5
W Marble Pl. 116, A8
W Maxwell St. 118, A10–B10
W McFerridge Dr. 119, E10
W Menomonee St. 114, C3–D3
W Monroe St. 116, A7–B7
W Montana St. 114, A1–B1
W North Avenue 114, A3–D3
W Oak St. 116, B5–C5
W Ohio St. 116, A6–C6
W Ontario St. 116, B6–C6
W Polk St. 118, A9–C9
W Quincy St. 116, C8
W Randolph St. 116, A7
W Roosevelt Rd. 118, A9–C9
W Schiller St. 115, D4–E4
W Schubert Ave. 114, A1–C1
W Scott St. 114, C4–D4
W Shakespeare Ave. 114, A2
W Sullivan St. 115, D4
W Superior St. 116, A6–C5
W Taylor St. 118, A9–C9
W Van Buren St. 116, A8–C8
W Vernon Pk. Pl. 116, B8
W Wabansia Ave. 114, A3
W Wacker Dr. 116, C7
W Walnut St. 116, A7
W Walton St. 116, B5–C5
W Washington Blvd. 116, A7
W Washington St. 116, B7–C7
W Wayman St. 116, A7
W Webster Ave. 114, A2–D2
W Weed St. 114, B4–C4
W Wendell St. 116, B5
W Willow St. 114, A3–C3
W Wisconsin St. 114, B3–C3
W Wrightwood Avenue 114, A1–D1

Orts- und Sachregister

Hier finden Sie alphabetisch aufgeführt alle in diesem Band beschriebenen Orte und Ziele, Routen und Touren. Bei einzelnen Sehenswürdigkeiten steht jeweils der dazugehörige Ort in Klammern, bei Hotels steht zusätzlich die Abkürzung H für Hotel. Außerdem enthält das Register wichtige Stichworte sowie alle MERIAN-TopTen und MERIAN-Tipps dieses Reiseführers. Wird ein Begriff mehrfach aufgeführt, verweist die **fett gedruckte** Zahl auf die Hauptnennung im Band.

A

Adler Planetarium and Astronomy Museum (Chicago) 35
Algoma 94
Angeln 22, 23
Anreise 106
Apostle Islands National Lakeshore 63, 89, **90**
Auskunft 107
Autotouren 86, 91

B

Bayfield 89
Berlin 80
Best Western Inn On The Park (H, Madison) 56
Big Bay Point Lighthouse (Lake Superior, MERIAN-Tipp) **63**, 89
Blacksmith Inn On The Shore (H, Door Peninsula) 55
Bloomington 92, 93
B.L.U.E.S. (Chicago) 41
Boundary Waters Canoe Area Wilderness 25, 84, 90, **96**
Brookfield Zoo (Chicago) 35
Buchtipps 107
Buddy Guy's Legends (Chicago) 41
Buffalo 82

C

Camping 23, **107**
Captain Frederick Pabst Mansion (Milwaukee) 58
Cathedral of St. Paul (St. Paul) 62, 65
Cave of the Winds Trip (Niagara Falls) 82
Cedar Point (Sandusky) 27
Cedarburg **60**, 91
Centennial Fountain (Chicago) 35
Chambers Hotel (H, Minneapolis) 64
Chazen Museum of Art (Madison) **57**, 92
Chicago – »Home of the Blues« (MERIAN-Spezial) 40
Chicago 6, 8, **30**, 91
Chicago Botanic Garden (Chicago) 36
Chicago Greeters (Chicago, MERIAN-Tipp) 35
Chicago History Museum (Chicago) 39
Chicago's Children Museum (Chicago) 27
Chicago's Kids Company (Chicago) 27
Chicagoer Börse (Chicago) 35
Cleveland 9, **79**
Cleveland Museum of Art (Cleveland) 79
Colonial Michilimackinac 87
Comfort Inn O'Hare (H, Chicago) 32

D

Days Inn Lincoln Park North (H, Chicago) 32
Dearborn Inn – A Marriott Hotel (H, Detroit) 71
Detroit 8, **71**, 86
Detroit Institute of Arts (Detroit) 71
Detroit Zoological Park (Detroit) 71
Devil's Lake State Park 8, **96**
Discovery World (Milwaukee) **59**, 91
Door County Fish Boil 55, 92
Door County Maritime Museum (Door Peninsula) 56
Door County Peninsula 8, 55, 91, **94**
Duluth 89
Dune Overlook 87
DuSable Museum of African American History (Chicago) 42

E

Eagle Bluff Lighthouse (Door Peninsula) 55
Einkaufen 16
Einkaufszentren 17
Ely **63**, 96
Entfernungstabelle 111
Ephraim 91
Essdolmetscher 104
Essen und Trinken 14
Events 18

F

Familientipps 26
Farm Lake 96
Feiertage 108
Feste 18
Field Museum (Chicago) 42
Fish Creek 91
Fort Mackinac (Mackinac Island) 75
Freizeit 22

G

Geld 108
Geschichte 100
Glen Arbor 87
Golf 24
Goodtime III (Cleveland) 79

Gooseberry Falls State Park 90
Grand Haven **73**, 86
Grand Haven State Park 86
Grand Hotel (H, Mackinac Island, MERIAN-TopTen) 75
Grant Park (Chicago, MERIAN-Tipp) 35, **36**
Great Lakes Science Center (Cleveland) 80
Greenfield Village (Detroit, MERIAN-TopTen) 72

H
Harley-Davidson Museum (Milwaukee, MERIAN-TopTen) **59**, 91
Harley-Davidson Powertrain Plant (Milwaukee) 59
Heart O'Chicago Motel (H, Chicago) 33
Henry Ford Museum (Detroit, MERIAN-TopTen) 72
Holland *19*, **74**
Hostelling International Chicago (H, Chicago) 33
Hotel Cass (H, Chicago) 31
Hotel InterContinental Chicago (H, Chicago) 31
House of Blues (Chicago) 41
Hyatt Regency Chicago (H, Chicago) 31, 32

I
Ice Age National Scenic Trail 8, *24*, 93, 94
Illgen City 90
Indiana Dunes National Lakeshore 53

J
James R. Thompson Center (Chicago) 36
John Hancock Center und Observatory (Chicago, MERIAN-TopTen) 36

K
Kanutouren 96
Kettle Moraine State Forest 94

L
La Crosse 56
Lake Erie 7, 8, **79**
Lake Huron 7
Lake I Landing 96
Lake Mendota 92
Lake Michigan 7, 86, **91**
Lake Michigan Overlook 87
Lake Monona 92
Lake Ontario 7, 8
Lake Superior 7, **62**, 88
Lansing 56
Leelanau Peninsula 87
Lincoln Park Zoo (Chicago) 36
Loop (Chicago) 37
Ludington **74**, 86

M
Mackinac Bridge 87
Mackinac Island **74**, 87
Mackinaw Bridge 7
Mackinaw City **76**, 87
Madison **56**, *57*, 92
Magnificent Mile (Chicago) 33, **46**
Maid of the Mist (Niagara Falls, MERIAN-TopTen) 82
Mall of America (Minneapolis, MERIAN-TopTen) **66**, 93
Manitou Islands 86
Manitowoc 86, 92
Marquette **64**, 88
Maßeinheiten 109
Meadow Brook Hall (Detroit) 71
Medizinische Versorgung 109
Memorial Union Terrace (Madison, MERIAN-Tipp) 57
Michigan 7, **70**
Mill City Museum (Minneapolis) 65

Millennium Park (Chicago) 34, 37
Millenium Tower (Chicago) 33
Miller Coors Brewing Company Visitor Center (Milwaukee) 59
Milwaukee 8, **58**, 91
Milwaukee Art Museum (Milwaukee) *58*, **59**, 91
Milwaukee Public Museum (Milwaukee) 59
Miners Beach 88
Minneapolis 8, **64**, 90, 91, 92
Minneapolis Institute of Arts (Minneapolis) **65**, 93
Minnesota 7, 92, 96
Minnesota Marine Art Museum 92
Minnesota State Capitol (St. Paul) 64, **65**, 92, 93
Mississippi River 63
Motown Historical Museum (Detroit) 72
Museum of Contemporary Art (Chicago) 42
Museum of Contemporary Photography (Chicago) 42
Museum of Science and Industry (Chicago) 43
Museumsdorf Windmill Island (Holland) 74
Muskegon 91

N
National Eagle Center (Wabasha, MERIAN-Tipp) **68**, 92
Navy Pier (Chicago) 37
Nebenkosten 108
Niagara Falls 8, 9, *78*, **81**
Niagara-on-the-Lake 8, 81, **83**
Nickelodeon Universe (Bloomington) *26*, 27
Notruf 109

O
O'Hare International Airport 6

Olbrich Botanical Gardens (Madison) 57
Old Mission Point Peninsula 87
Ontario 8
Outlet Malls 17

P
Peggy Notebaert Nature Museum (Chicago) 43
Permits 97
Petoskey **76**, 87
Pfister Hotel (H, Milwaukee) 58
Pictured Rocks National Lakeshore (MERIAN-TopTen) 7, *8*, **68**, 88
Point Pelee National Park (Ontario) 73
Politik 109

R
Rad fahren 23
Ramada All Suites Hotel (H, Niagara Falls) 81
Red Roof Inn Chicago (H, Chicago) 32
Red Wing **68**, 92
Reisedokumente 109
Reiseknigge 109, 110
Reisewetter 110
Reisezeit 9
Renaissance Cleveland Hotel (H, Cleveland) 79
Rock 'n' Roll Hall of Fame and Museum (Cleveland) 80
Rockford 53
Routen 86, 91, 94, 96

S
Science Museum of Minnesota (St. Paul, MERIAN-Tipp) **64**, 93
Sears Tower → Willis Tower
Segway Tours (Minneapolis, MERIAN-Tipp) 67
Seneca Hotel & Suites (H, Chicago) 32
Shedd Aquarium (Chicago) 38
Sicherheit 110
Six Flags Great America & Hurricane Harbor 53
Skylon Tower (Niagara Falls, MERIAN-Tipp) 82
Sleeping Bear Dunes National Lakeshore (MERIAN-TopTen) *4*, *5*, *70*, **77**, 86
Soak City (Sandusky) 27
Split Rock Lighthouse State Park 68, 90
Sport 22
Sport zum Zuschauen 24
Sprachführer 102
Square Rigger Gallery Restaurant (Door Peninsula, MERIAN-Tipp) 55
St. Paul 8, **64**
State Capitol (St. Paul) 64, **65**, 92, 93
Stromspannung 110
Sturgeon Bay 91, 94
Summerfest (Milwaukee, MERIAN-Tipp) 19
Superior 89

T
Table Rock Complex (Niagara Falls) 82
Temperatur 111
Tennis 24
Terrapin Point (Niagara Falls) 82
The Art Institute of Chicago (Chicago, MERIAN TopTen) 39
The Dalles of the St. Croix 67
The Drake Hotel (H, Chicago) 32
The James (H, Chicago) 32
The Palmer House Hilton (H, Chicago) *12*, 32
The Saint Paul Hotel (H, Minneapolis) 64
TravelLodge Hotel (H, Chicago) 32, 33
Traverse City **77**, 87
Tribune Tower (Chicago) 33
Trinkgeld 111
Two Harbors **68**, 90

U
Übernachten 12
Umsatzsteuer 111
USS Cod (Cleveland) 79

V
Verkehrsverbindungen 111

W
Wabasha **69**, 93
Walker Art Center (Minneapolis) **66**, 93
Wandern 24, 25, 94
Washington Island 92
Wassersport 25
Water Tower (Chicago) 38
Wechselkurse 108
Western Reserve Historical Society (Cleveland) 80
Wheeler Mansion (H, Chicago) 32
Whirlpool Aero Car (Niagara Falls) 82
Willis Tower (Chicago) 6, *9*, **38**
Wings of Mackinac (Mackinac Island) 75
Winona 92
Wisconsin 7, **54**, 91, 92, 94
Wisconsin Dells 95
Wisconsin State Capitol (Madison) 57
Wrigley Building (Chicago) 33

Z
Zeitzonen 112
Zoll 112

Impressum

Liebe Leserinnen und Leser,
wir freuen uns, Ihre Meinung zu diesem Reiseführer zu erfahren. Bitte schreiben Sie uns, wenn Sie Berichtigungen und Ergänzungsvorschläge haben oder wenn Ihnen etwas besonders gut gefällt:

TRAVEL HOUSE MEDIA GmbH, Postfach 86 03 66, 81630 München
E-Mail: merian-live@travel-house-media.de, Internet: www.merian.de

Die Autorin
Diesen Reiseführer verfasste **Heike Wagner**, Autorin zahlreicher Reiseführer und Bildbände über die USA und Kanada. Sie lebt in Deutschland und bereist seit über 25 Jahren regelmäßig die verschiedenen Regionen Nordamerikas von A (Alaska) bis Z (Zion National Park). Chicago und die Großen Seen sind ihr Geheimtipp unter den Reisezielen der USA.

Bei Interesse an digitalen Daten aus der MERIAN-Kartographie wenden Sie sich bitte an:
iPUBLISH GmbH, Abt. Cartography
E-Mail: merianmapbase@ipublish.de
www.merianmapbase.de

Bei Interesse an Anzeigenschaltung wenden Sie sich bitte an:
KV Kommunalverlag GmbH & Co KG
MediaCenterMünchen
Tel. 0 89/92 80 96 - 44
E-Mail: winzer@kommunal-verlag.de

Fotos
Titelbild: Blick über den Chicago River und auf das Wrigley Building (rechts; Banana Pancake/Alamy)
America/Alamy 20; J. Arnold Images Ltd/Alamy 75; Artz/laif 10/11, 39, 98/99; Aurora/laif 70; Bildagentur Waldhäusl 54; D. Dempster Photography/Alamy 89; C. Eckert/Alamy 18; Falke/laif 7; Fremdenverkehrsamt Chicago/Illinois 28/29; P. Frilet/hemis.fr/laif 12, 34, 42; Getty Images 16; R. Halbe, artur images 66; Ch. Heeb/laif 4/5, 8, 40/41, 58, 76; Hemis/Alamy 46; H. Hoogte/laif 30; The James Hotel 33; S. Kagan/ The New York Times/Redux/laif 45; T. Linkel/laif 22; J. Lowenstein/Noor/laif 48; The New York Times/Redux/laif 24, 90, 93, 95, 97; J. Newberry/Alamy 14; D. MacDonald/AGE/F1online 72; Mall of America 26; S. Matera/Alamy 69; K. J. Miyazaki/Redux/laif 57; PCL/Alamy 78; a.peterson.net/Alamy 84/85; D. Smetzer/Alamy 60; K. Wothe/LOOK 62

© **2009 TRAVEL HOUSE MEDIA GmbH, München**
MERIAN ist eine eingetragene Marke der GANSKE VERLAGSGRUPPE.

Alle Rechte vorbehalten. Nachdruck, auch auszugsweise, sowie die Verbreitung durch Film, Funk, Fernsehen und Internet, durch fotomechanische Wiedergabe, Tonträger und Datenverarbeitungssysteme jeglicher Art nur mit schriftlicher Genehmigung des Verlages.

Alle Angaben in diesem Reiseführer sind gewissenhaft geprüft. Preise, Öffnungszeiten usw. können sich aber schnell ändern. Für eventuelle Fehler übernimmt der Verlag keine Haftung.

Programmleitung
Dr. Stefan Rieß
Redaktion
Susanne Kronester
Lektorat
Martina Gorgas
Bildredaktion
Lisa Grau, Anna Logermann
Gestaltung
wieschendorf.design, Berlin
Karten
MERIAN-Kartographie
Satz
Filmsatz Schröter, München
Druck und Bindung
Polygraf Print, Slowakei
Gedruckt auf
Eurobulk Papier von der Papier Union

1. Auflage

TRAVEL HOUSE MEDIA

Ein Unternehmen der
GANSKE VERLAGSGRUPPE

Chicago
und die Großen Seen

MERIAN-Tipps
Tipps und Empfehlungen für Kenner und Individualisten

1 Summerfest in Milwaukee
Temporeiches, überaus populäres Musikfestival direkt am Lake Michigan (→ S. 19)

2 Chicago Greeters
Auf sachkundigen, kostenlosen Stadtrundgängen Chicago entdecken (→ S. 35).

3 Grant Park in Chicago
Am Ufer des Lake Michigan nördlich von Downtown liegt Chicagos grüne Lunge (→ S. 36).

4 Square Rigger Galley Restaurant auf der Door Peninsula
Der Door County Fish Boil ist eine köstliche Fischspezialität aus dem Lake Michigan, die in großen Kesseln über dem Feuer zubereitet wird (→ S. 55).

5 Memorial Union Terrace in Madison
Buntes und quirliges Studentenleben in Wisconsins charmanter Hauptstadt (→ S. 57)!

6 Big Bay Point Lighthouse bei Marquette
Romantisch übernachten im historischen Leuchtturm am Lake Superior (→ S. 63).

7 Science Museum of Minnesota in St. Paul
So spannend und abwechslungsreich kann Wissenschaft sein (→ S. 64).

8 Segway Tours in Minneapolis
Auf geführten Touren mit den spritzigen Segway-Rollern die Stadt erkunden (→ S. 67).

9 National Eagle Center in Wabasha
Modernes Schutzzentrum für Weißkopfseeadler im idyllischen Tal des Mississippi River (→ S. 68).

10 Skylon Tower in Niagara Falls
Unterhalb des Skylon Tower präsentieren sich die Niagarafälle in ihrer ganzen Pracht (→ S. 82).

← MERIAN-TopTen finden Sie auf Seite 1